「脚のつけ根軸」でコントロール！

みんなができる！

器械運動の指導

中村 賢 ［著］

東洋館出版社

はじめに

　いよいよ、この2020年度より小学校は、新学習指導要領が全面実施されることになりました。今回の改訂の基本的な考え方として、「知識及び技能の習得と思考力、判断力、表現力等の育成のバランスを重視する内容を維持した上で、知識の理解の質をさらに高め、確かな学力を育成すること」が挙げられています。

　そして、体育では、知識（わかる）と技能（できる）を関連づけて指導し、評価することになりました。また、新学習指導要領解説【体育編】では、学習する運動における体の動かし方や場の工夫、課題解決の見つけ方や解決方法、運動が苦手な児童への配慮の例などが記されています。さらに、本書のテーマである器械運動の領域では、技のできない原因と解決するための具体的なヒントが示されています。

　長い間、体育の世界では、運動が好き（得意）な子どもと嫌い（不得意）な子どもの二極化が叫ばれてきました。そして今まさに、教える教師にとっても、さまざまな技能レベルの子どもに対応できる「現場で役立つ知識の情報」が強く求められているのです。

　「運動の行い方」「課題解決の仕方」「体の動かし方」「場の工夫」「運動が苦手な児童への配慮」などは、私がずっと考えてきたテーマでもあります。私は、これまで20年以上、社会体育や学校体育の現場で器械運動の指導に携わってきました。そして、数え切れないほど多くの子どもたちの運動や動きを意識的に観察して、そのしくみを探ることにより、それらのテーマに対する改善策を考えてきました。時には悩み、時には手応えを感じながらも、試行錯誤の繰り返しを通して多くの発見がありました。

　本書では、そうした数々の発見と実践をもとに体系化した器械運動の指導理論および新学習指導要領解説【体育編】で取り上げられている技を対象にした指導法を独自の切り口で紹介します。その切り口である本書の核心は、「**脚のつけ根軸の使い方**」です。それは、器械運動の動きや姿勢の根源的な改善に有効な指導の手立てとなります。

　今回、本書を執筆するにあたり、自身でも驚くような新たな気づきもありました。本書が多くの教師や指導者の皆さまにとって、「現場で役立つ知識の情報」の一つとなれば、大変嬉しく思います。

中村　賢

目 次

本書の使い方

　本書では、腰の動きをコントロールするために「**脚のつけ根軸を使う**」という新しい指導理論をテーマに器械運動の指導法を紹介しています。

　第1章では、その「**脚のつけ根軸**」について器械運動の特性を踏まえたうえで解説しています。具体的な指導法の前提となる考え方を知るために、はじめにひと通りお読みください。第2章では、「**脚のつけ根軸の働き**」とその補助運動とともに、低学年を対象とした運動遊びの指導法を紹介しています。第3章では、授業の流れに沿った指導手順例とともに、中学年を対象とした基本的な技の指導法を紹介しています。第4章では、技の美しさや雄大さを生み出すしくみとともに、高学年を対象とした発展技と、更なる発展技の指導法を紹介しています。

　なお、本書は、小学校体育を念頭に置いて構成していますが、ほかのさまざまな器械運動の指導現場でも活用できる内容となっています。

◉ 体の部位の定義　本書を読み進めるうえで必要な体の部位の定義を確認してください。

- **● 腰**　体の前面・背面を含む、肋骨の下からお尻のいちばん下までの部位を指します。

- **● 脚**　足首から**脚のつけ根軸**の部位を指します。

- **● 足**　足首から下の部位を指します。

- **● 脚のつけ根軸**
　本書オリジナルの造語です。太もものつけ根にある左右鼠径部（そけいぶ）の中央部位を結んだライン上で、体の中心部前面を左右に貫く水平線のことを指します。（13ページ参照）

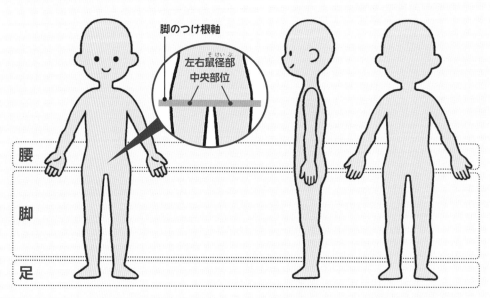

脚のつけ根軸

左右鼠径部（そけいぶ）
中央部位

腰

脚

足

第2章

**運動遊びの見本と
体の部位ポイント**

脚のつけ根軸の働きのアイコン

対象の運動遊びを行ううえで、主に大きな役割を担う**脚の
つけ根軸**の働きをアイコン（絵記号）で示しています。また、
活用する局面の番号には対象のアイコンを表示しています。

運動遊びの名前

指導の仕方

「事前確認」「補助運動」「補助法」
に分類して紹介しています。

失敗例

脚のつけ根軸を使うことが
できずに動きや姿勢が崩れ
る事例を紹介しています。

**運動遊びの
種類と
対象学年**

脚のつけ根軸の働きとその補助運動

腰の動きをコントロールするために必要な**脚のつけ根軸**の6つの働きを
解説するとともに、その働きを身につける補助運動を紹介しています。

第3・4章

脚のつけ根軸の働きのアイコン

対象の技を行ううえで、主に大きな役割を担う**脚のつけ根軸**の働きをアイコン（絵記号）で示しています。また、活用する局面の番号には対象のアイコンを表示しています。

技の名前

技の見本と体の部位ポイント

指導の仕方

「事前確認」「補助運動」「補助法」などに分類して紹介しています。「クリア目標」は一定の安全性を確保したうえで課題の技に挑戦できるという目安の運動です。

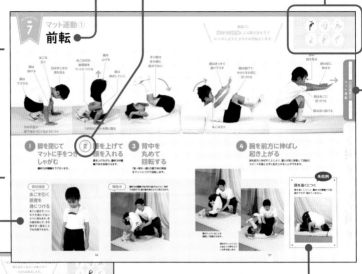

指導法

技によっては、「初心者向け」「中級者向け」「上級者向け」とレベルに応じた指導法を紹介しています。

注意！

安全上、特に気をつけるべき事例などを紹介しています。

失敗例

脚のつけ根軸を使うことができずに動きや姿勢が崩れる事例を紹介しています。

運動の種類と対象学年

▶ 動画の見方

「側方倒立回転」「補助逆上がり／逆上がり」「開脚跳び（横向き・縦向き）」の指導法と技の見本を動画で確認することができます。このページにある QR コードを、スマートフォンやタブレット PC の QR コードリーダーで読み取ってください。東洋館出版社の YouTube チャンネルで閲覧することができます。

 側方倒立回転

 補助逆上がり／逆上がり

 開脚跳び（横向き・縦向き）

第
1
章

> 理 論 編

「脚のつけ根軸」とは何か?

体の部位と関節を意識させると動きが変わる!?
腰をコントロールする「脚のつけ根軸」とは何か?

器械運動の特性を踏まえて、新しい指導の観点を紹介します。

器械運動の特性

　器械運動は、「逆さになる」「腕で体を支える」「回転する」など、非日常的な運動で構成されています。そこで一般的に、直接的な技の練習に入る前に、そのような非日常的な運動の基礎感覚を身につけることが重視されています。基礎感覚にはさまざまありますが、代表的なものとして、主に表1の4つがあります。

　これらは、臓器（三半規管などの働き）、筋肉（三頭筋などの筋力）、関節可動域（股関節などの柔軟性）などの体の基礎的な機能性（基礎機能）を養うことにより高めることができます。そして、基礎機能や基礎感覚を身につける運動は「感覚つくりの運動」「基礎技能」とも呼ばれていますが、本書では「基本の運動」と記すことにします（表1参照）。

［表1］器械運動の主な基礎感覚と基本の運動例

基礎感覚		基本の運動
逆さ感覚	頭を下げて逆さまになる。	背支持倒立／壁登り逆立ち
腕支持感覚	腕で体を支える。	アザラシ歩き／かえるの足打ち
回転感覚	前、後ろ、横に回る。	丸太転がり／ゆりかご
平衡感覚	動きの中で姿勢のバランスを取る。	片足立ち／平均台歩き

動きの技術

　低学年では、この基本の運動が「マットを使った運動遊び」「鉄棒を使った運動遊び」「跳び箱を使った運動遊び」として取り上げられ、中・高学年における技の習得につなげていくことが求められています。そして、中・高学年の「マット運動」「鉄棒運動」「跳び箱運動」における技を習得するうえでは、各技に必要な動きの技術を身につける必要があります。

　動きの技術には、マット運動の「前転」を例に挙げると、「順次接触（頭からお尻へと体の後ろ部分を順にマットへつけること）」や「回転加速（転がりながら回転のスピードを高めること）」などがあります。そして、技術によって支えられたいくつかの動きが的確なタイミングで組み合わさって一つの技が完成します。主な動きの技術としては、表2の例が挙げられます。

また、動きの技術を身につけるためには、人的・物的・心理的な環境に配慮して課題をやさしくした場づくりや、教師や仲間がサポートする補助つきの運動、類似の運動などの手立てがあります。類似の運動とは、課題の技と似た動きや運動形態を有する比較的やさしい運動課題のことです。例えば、マット運動の前転や後転では「ゆりかご」、鉄棒運動の逆上がりでは「登り棒での後ろ回り」、跳び箱運動の開脚跳びでは「タイヤ跳び」などが挙げられます（表2参照）。なお、同じ運動が基本の運動と類似の運動の例として挙げられる場合も多々ありますが、課題の技に対応する基礎感覚を身につける基本の運動に対し、類似の運動は、課題の技に対応する動きを身につける性質が高い運動として位置づけるとわかりやすいと私は考えています。

基本の運動例

▶背支持倒立

▶アザラシ歩き

▶かえるの足打ち　　　▶平均台歩き

▶丸太転がり

［表2］器械運動の主な動きの技術と類似の運動例

器械運動の主な動きの技術	類似の運動例
順次接触の技術 マット運動の「前転」「後転」で、頭からお尻（あるいは、お尻から頭）へと体の後ろ部分を順にマットへつけて滑らかに回転する技術。	ゆりかご ➡ マット運動の「前転」「後転」
回転加速の技術 マット運動の「前転」「後転」「側方倒立回転」などで勢いよく回転する技術。	坂道での前転 ➡ マット運動の「前転」 坂道での後転 ➡ マット運動の「後転」
頭越しの技術 マット運動の「後転」で、両手でマットを押しながら体を浮かすようにして後方へ回転する技術。	マットの溝を使った後転 ➡ マット運動の「後転」
肩角減少の技術 鉄棒運動の「逆上がり」や「後方支持回転」などで体を後傾させる局面において脇を締める技術。	登り棒での後ろ回り ➡ 鉄棒運動の「逆上がり」
腕を支点とした体重移動の技術 跳び箱運動の「開脚跳び」で、腕に体重を乗せながら体を前に移動させる技術。	タイヤ跳び ➡ 跳び箱運動の「開脚跳び」

体の部位と関節を意識させると動きが変わる!

言っても見せても変わらなかった、私の動き

　私は器械運動の指導を行う際、その特性を踏まえた基礎感覚や動きの技術などのほかに、もう一つ重要視している観点があります。それは、子どもが体のどの部位や関節をどのように意識して動いているのか、そして、どのように意識させればよいのか、という観点です。なぜなら、子ども（人）は、動く際に心せずとも自分の体に意識を向けているからです。

　子どもに対する運動指導で動きの改善を図る際、正しい運動形態を示す、間違った動きを指摘する、という伝達の仕方だけで上達を図ることは難しいものです。なぜなら、多くの子どもは大人が思っている以上に、自身の体の使い方がよくわからない中、曖昧な感覚で動いているものだからです。

　私が小学2年生のときのことです。私は運動会の50メートル走の練習でいつも2番目でした。担任の先生は、頑張れば1番の子に勝てると私に期待していたようで、熱心に指導してくださいました。私はあごを上げ、体を反らせて走っていたため、先生は私にあごを引く動きを見せながら、「あごを引いて！」と何度も声をかけてくださいました。

　しかし、当時の私は「あごを引く」という体の使い方を理解できていませんでした。先生の言う「あごを引く」ことと「自分のあごの動き」の違いがよくわからなかったのです。

当時の運動会の様子。左から先生、1番の子、私。このときの私は、「あごを引く」の「引く」という言葉の意味が理解できていなかったのかもしれませんが、あごの部位に対する意識がボンヤリとしていたような状態が思い出されます。先生の動きを見て、あごではなく、頭全体の動きを何となく捉えていたような気もします。結局、私の動きは直ることはなく、1番になることはできませんでした。

体の部位と関節を意識させる動きの指導

当時の先生より遙かに年上になった今の私なら、例えば、次のような指導をするでしょう。

指導❶ 動きの道筋をつける

① 自分のあごの下を触らせる。次に、あごを近づける胸の部位を触らせる。

②「あごと胸を近づけるんだよ」と声をかけ、①で確認した部位を近づける動作を数回繰り返し行わせる。

指導❶は、体の部位を意識させる方法です。電車の乗り継ぎの際に、次の改札口までの床面に誘導ラインがあれば、迷うことなく効率的に目的地までたどり着くことができます。

これと同様に、理想の動きの道筋をつけるためには、体の特定の部位をどこからどこへと移動させるのかという意識を明確にすることが有効です。加えて、その動きを取りだして繰り返し体験させることにより意識づくりを強化することができます。課題の運動がうまくできる子どもとそうでない子どもの場合、そもそも、動き出す前段階において、体に向ける意識のもち方が違うのです。あごと胸を結ぶ意識のラインがあれば、当時の私の動きは改善できたかもしれません。

体の部位を的確に意識させることの効果をまとめると、次のとおりになります。

● 動きの中で特定の部位を特定のポイントへ効率的に移動させる。

● 体を的確な方向に向ける。　● 必要な筋力を引き出す。

● 間接的に他の部位を効率的に動かす。　● 効率的な関節の使い方を導く。

指導❷ 関節を動かす力の入れ方を身につける

人差し指をあごで挟み、引いても外れないように、あごや首に力を入れる動きを数回繰り返し行わせる。

指導❷は、関節を意識させる方法です。首の関節の使い方や力の入れ方を明確にします。体育の授業中によく転ぶ子どもがいます。ボールを使ったゲームの際中などでも「ここで転ぶの？」と思うほど簡単に姿勢が崩れる姿をたびたび見かけます。そのような子どもたちは単にバランス感覚が弱いということではなく、腰、膝、足首などをとっさにどの程度曲げ、どのように力を入れると転ばないかという関節の感覚が身についていない、もしくは弱いように、私の目には映ります。

指導❸ 理想の動きを導く姿勢をつくる

腰を軽く曲げ、あごを引きやすい前傾姿勢を確認する。

指導❸は、関節の中でも腰の曲げ方を意識させる方法です。腰は動きの要となる重要な体の部位、そして、関節です。腰を曲げるだけであごを引きやすい姿勢になります。腰の曲げ方を変えることにより、他の体の部位の動きが連動して変わり、姿勢とともに、全体の動き自体が変わります。

関節で体をコントロールする

　以上のような動きを変える指導は、独特な動きや姿勢をつくることで成り立つ器械運動では、とりわけ必要になります。器械運動の技は特に首、肩、肘、手首、腰、膝、足首といった各関節を、どのタイミングで、どの程度、どのような組み合わせで曲げたり伸ばしたりするかが、特有の動きや姿勢を形づくるうえで大変重要になります。また、関節を合理的に動かすために関節自体を意識させるとともに、対象の関節と連動する特定の体の部位を意識させることが大事なポイントになります。

棒体操で関節感覚を高める

　関節を意識する感覚を身につけるための取り組みの一つに、棒体操があります。棒は、肩幅程度の長さであれば新聞紙を丸めたものやタオル、自分の手の指でも代用できます。

　行い方はいたって簡単で、棒を各関節の折り目（首、脇の下、肘の内側、脚のつけ根、膝の内側など）に挟み、落とさないように力を入れるだけです。この体操を事前に行ってから技の練習に入ると関節を使った動きにメリハリが出て、体を上手に操作しやすくなります。

　おすすめは「前転で起き上がる際の膝関節の動き」への活用です。前転で「頭を入れて回転はできるが起き上がるときに、マットに手をついてしまう」ケースは多々あります。その場合、子どもをマットに仰向けで寝かせて、膝の裏側で棒を挟ませる棒

体操が有効です。教師や仲間が棒を引っ張っても落ちないように力を入れさせてもよいでしょう。

そのあとに再度、前転にチャレンジさせます。そして、「回ったら、今の棒体操のようにギュッと膝に力を入れて起き上がってみよう」と声をかけます。すると、膝関節がしっかりと曲がるため、かかとがお尻に近づくとともに、その動きに連動して腰も曲がり、スムーズに起き上がりやすくなります。

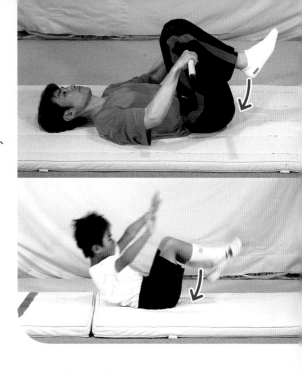

脚のつけ根軸で腰の動きをコントロールする

関節の中でも動きづくり・姿勢づくりに最も大きな影響を与えるのが、腰です。なぜなら、腰は体の中心部にあり、上半身と下半身のつなぎ目という最も大きな関節を担っているからです。体を支える、回転する、逆さまにするなどの運動の幹を支えるのが腰であり、細かな動きである枝葉の役割をするのが、頭・肩・腕・手・脚・足となる、そのようなイメージをもつとわかりやすいかもしれません。なお、ここでいう腰とは、「腰を痛めた」と聞いたときに想像

左右鼠径部中央部位

脚のつけ根軸

鼠径部

するような背中の下部周辺ではなく、骨盤を包み込む大きな塊のようなイメージになります。また、上半身と下半身のつなぎ目は体の前面に位置する脚のつけ根部位をイメージしてください。

そして、腰の関節の動きを生み出すのが、その脚のつけ根です。脚のつけ根の目安となるその位置は、片膝を上げて立った際に折れ曲がる鼠径部と呼ばれる部位の中央部位です。そして、その左右鼠径部中央部位を結んだラインのことを、私は「脚のつけ根軸」と呼んでいます。ここを折り目にして腰を曲げる、伸ばす、上げる、下げるなどして体を合理的に動かすと上半身と下半身の連動がうまくいき、動きや姿勢を上手につくることができます。

なお、**脚のつけ根軸**は器械運動のみならず、さまざまな運動種目の動きをつくるうえで重要な働きをもちます。私の小学生時代の走り方におけるあごの引き方を変えるためには、**脚のつけ根軸**を効かせ、動きの要である腰を適度に曲げて首に連動させることも有効であったと想像できます。

技の成り立ちと技づくり

体の部位・関節感覚

　私は、体の部位や関節を動かす意識を「体の部位・関節感覚」として、器械運動の基礎感覚の仲間に入れてもよいのではないかと考えています。また、技の動きや姿勢を身につけるための運動として、「体の部位・関節感覚の補助運動」を取り入れるとよいとも考えています。

技の成り立ちと技づくり

　マット運動の前転を例にして、技の成り立ちと技づくりについて述べることにします。

　前転は、マットに手をつき、頭を入れて前方に回転する技です。首の屈曲、膝や腰の曲げ伸ばしなどの関節運動をもとに、逆さまになる、回転するなどの動きを組み合わせて行います。また、その動きを生むためには、背中を丸めて、首、肩、背中、腰の順番で体の背面をマットにつけていく順次接触や、膝・腰の曲げ伸ばしをタイミングよく行って勢いをつける回転加速などの動きの技術が必要になります。そして、その動きを発揮するためには、腕で体を支える、回転する、手や脚の使い方や膝・腰の曲げ方などの基礎感覚をあらかじめ身につけておくとうまくいきます。さらに、それらの基礎感覚を発揮するためには、前屈の柔軟性や腕で体を支える筋力などの基礎機能が必要になります。

　このように、一つの技が成り立つためには、基礎機能→基礎感覚→動き・姿勢という流れがあります。その流れを図で示したのが、「技の成り立ちピラミッド」です。腕で体を支える筋力（基礎機能）が弱ければ、腕で体を支える基礎感覚を身につけることができません。また、腕で体を支える基礎感覚や逆さまになる基礎感覚が弱ければ、回転する動きは生まれません。同様に、手や脚の使い方や膝・腰の曲げ方などの体の部位・関節感覚という基礎感覚が身についていなければ、前転特有の動きや姿勢をつくることができません。

　私は、体の部位・関節感覚という基礎感覚の土

技づくりの手立てグループ

- ●基本の運動
- ●基礎技能
- ●感覚つくりの運動
- ●場づくりの工夫
- ●類似の運動
- ●補助つきの運動
- ●体の部位・関節感覚の補助運動

台が、技の習得や上達を図るうえで重要なポイントの一つになると考えています。ですから、基本の運動、基礎技能、感覚つくりの運動、場づくりの工夫、類似の運動、補助つきの運動といった基礎感覚や特有の動きを身につける「技づくりの手立て」のグループに「体の部位・関節感覚の補助運動」を加えることも、技の習得や上達を図るうえで重要な発想の一つになると考えています。

　第2章以降では、関節感覚の中でも主に「**脚のつけ根軸**」に、体の部位感覚の中でも「**脚のつけ根軸の働き**」を高めるものに焦点化した指導法と「**脚のつけ根軸の補助運動**」を紹介します。

技の成り立ちピラミッド

技

体の部位・関節感覚の補助運動

動き・姿勢

体の部位・関節感覚

技づくりの手立て

基礎感覚
（逆さ・腕支持・回転・平衡）

基礎機能
（臓器・筋肉・関節可動域）

手を使わないで
逆上がりができた!?

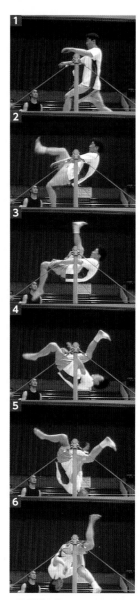

右の写真は、「振り上げ脚のつけ根を強烈に意識すれば、鉄棒を握らなくても逆上がりはできるのではないか」、そう考えて実践したときのものです。成否を左右する鍵は、脚のつけ根軸と鉄棒のバーを一致させて腰と鉄棒の間に隙間をつくらずに回転することでした。写真**2 3**は、下半身（振り上げ脚）が上半身に最大限近づくまで体（特に頭部）を後ろに倒さずに回転に入るべきベストなタイミングを待ち続けている局面です。後方への回転に入る直前にはむしろ、第2章で述べる「脚のつけ根軸の働き1」を使い、上半身をやや前傾させて腰で鉄棒を挟みに向かう気持ちで実施しています。このとき、少しでも回転に入るタイミングが早かったら、脚のつけ根軸と鉄棒との間に隙間が生まれて頭から落下していたことでしょう。そして、「脚のつけ根軸の働き2」を使い、体を後傾させて、脚のつけ根軸回転につなげたことが成功に結びつきました。

この結果により、脚のつけ根軸の働きを活用して脚腰の振り上げの力を大きく使えば、腕の力を使わずに逆上がりができることがわかりました。そして、その原理を応用してできたのが、「逆上がり即時上達法」（58ページ）です。この指導法により、肥満傾向にある子どもや体格が大きいわりに腕の力が弱い子どもにとって、逆上がりを達成できる可能性が広がりました。私は低学年で体格が小さな子どもに対しても、体格が大きくなり、腕の力で自身の体を持ち上げることが難しくなったときのことを見越して、基本的には「逆上がり即時上達法」で脚のつけ根軸回転の逆上がり指導を行うようにしています。

※腕が鉄棒に触れているようにも見えますが、実際は手も腕も一切触れていません。危険性が非常に高いため、決して真似をしないでください。

低学年編

「脚のつけ根軸」を使って
運動遊びを楽しもう！

「脚のつけ根軸」には6つの働きと観点がある!?
中・高学年に先駆けて、身につけておくべき感覚は何か？

低学年で取り組む運動遊びの指導法を
「脚のつけ根軸の補助運動」とともに紹介します。

6つの働きと6つの観点で脚のつけ根軸を活用する

脚のつけ根軸を意識した指導

　第1章で器械運動の動きの要である「腰の使い方」をコントロールできるのは「**脚のつけ根軸**」であることを述べました。脚のつけ根軸を十分に活用するためには、以下の「6つの観点」を意識し、体（腰）を合理的に、**①前傾する、②後傾する、③上げる、④下げる、⑤調整する、⑥維持する**という「6つの働き」のうち「どの働きを使うか」を考えて指導に臨むとよいと考えています。

**脚の
つけ根軸の
観点❶**

脚のつけ根軸に基軸を移行して体を前・後傾させる

　鉄棒運動遊びの「ふとん干し」でおなかを基軸にしている場合、脚のつけ根に基軸を移行させると体（腰）が折り目正しく曲がり、よりスムーズに前傾ができます。また、マット運動の「後転」で背中を基軸にして体を後傾して回転が止まる場合、足を高く上げてから後傾を始めると基軸が脚のつけ根に移行するため、体（腰）が折り目正しく曲がり、よりスムーズな後傾および回転ができます。

**脚の
つけ根軸の
観点❷**

脚のつけ根軸と鉄棒を一致させる

　鉄棒運動の「逆上がり」「前方支持回転」「後方支持回転」では、回転開始時から回転終了時まで脚のつけ根軸と鉄棒を一致させると、体と鉄棒の間に隙間ができない分、余計な腕の力を使わずスムーズに回転できます。

**脚の
つけ根軸の
観点❸**

脚のつけ根軸から体（腰）を上げて逆さま姿勢をつくる

　跳び箱運動の「台上前転」で足の先行を押さえて脚のつけ根軸から上げると、腰が反らずに体がスムーズに上がります。また、マット運動の「倒立」で脚のつけ根軸の振り上げを足先より少しだけ早く行うと、体を反らせずに膝を伸ばした姿勢を保ったまま逆さま姿勢をつくることができます。

**脚の
つけ根軸の
観点❹**

脚のつけ根軸で腰を下げきって姿勢を安定させる

　跳び箱運動の「支持で跳び乗り・跳び下り」における跳び乗り局面で足を跳び箱に乗せた際に、和式トイレでしゃがむときのように脚のつけ根軸を下げきって膝を曲げると体が前のめりにならず、姿勢が安定します。

①前傾する　　②後傾する　　③上げる　　④下げる　　⑤調整する　　⑥維持する

**脚の
つけ根軸の
観点❺**

脚のつけ根軸による腰の開き方の調整で幅を広げ、対応力をつける

　マット運動の「倒立前転」の倒立で想定よりも勢いよく前に倒れた場合に、タイミングを早めてより深く曲げるなど、脚のつけ根軸で腰の開き方を調整することにより、技を成功させる幅を広げることができます。また、マット運動の「前転」で着手時において脚のつけ根軸で腰の開き方を調整することにより、回転の大きさを変化させることができます。

**脚の
つけ根軸の
観点❻**

脚のつけ根軸による腰の開き方の維持で動きを安定させる

　マット運動の「側方倒立回転」は、レベルに応じて回転の大小はありますが、いずれにしても、回転中に脚のつけ根軸で腰の開き方を一定にすることが動きの安定につながります。

腰の裏軸を使うという観点

　器械運動の技の中には、ブリッジのように腰を反らせる動きを含むものもあります。その場合、**脚のつけ根軸**のちょうど反対側の背面に位置する「腰の裏軸」を使うことにより、合理的な動きを導くことができます。

「脚のつけ根軸の補助運動→運動遊び・技」という指導の流れをつくる

　以上のように器械運動の技には、一部、「腰の裏軸」を含むものがあるものの、習得を図るうえで**「脚のつけ根軸の働き」**を上手に活用することが大変重要となります。また、低学年で取り組む運動遊びには、「ふとん干し」「ゆりかご」など、**「脚のつけ根軸の働き」**そのもので成り立つものが多くあります。第1章で述べた、体の部位・関節感覚の中でも最も核となるのが、**「脚のつけ根軸」**なのです。

　ですから、運動遊びや技に取り組む前に、それぞれの課題に応じた働きをもつ**「脚のつけ根軸の感覚」**を身につけることが有効になります。本章では、低学年における運動遊びの指導法を**「脚のつけ根軸の補助運動」**とともに紹介します。この補助運動は、低学年だけでなく、中・高学年における準備運動や指導の導入にもぜひ取り入れてください。きっと子どもたちの体の使い方や動きが大きく変化すると思います。

鉄棒運動遊び ①

ふとん干し

頭から
伸び上がる

肘は
伸ばす

足はなるべく
上げない

❶ 脚のつけ根軸を 鉄棒につける

一直線になるイメージで全身を伸ばします。**脚の つけ根軸**と鉄棒が一致したところで止めます。

❷ 腰を曲げながら 体を前傾する

脚のつけ根軸で腰を曲げます。足の振り上がり を抑えながら、ゆっくりと行いましょう。

事前確認

棒を使う

鉄棒で取り組む前に、棒を鉄棒に見立て、 **脚のつけ根軸**の位置を確認します。棒は、 新聞紙を丸めたものでも大丈夫です。

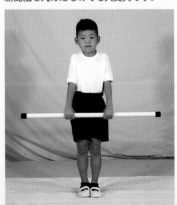

補助法

鉄棒を握らせて、教師の鉄 棒側の太ももに立たせます。

太ももをゆっくりと上げて、**脚のつけ根軸** と鉄棒が重なったところで止めます。

逆上がりや前方・後方支持回転など、
脚のつけ根軸と鉄棒を一致させて
回転する技につながります。

上半身と
下半身は
近づける

手と足は
下げる

③ 腰を深く曲げて
ぶら下がる

鉄棒から手を離して**脚のつけ根軸**で体を支えます。
息を吐いて全身の力を抜きます。

背中に手を当て、足首をつかみます。
足首を押さえながら背中をゆっく
りと押して、体を前傾させます。

背中と足首を軽く押さ
えながら上半身と下半
身をゆっくりと近づ
けます。その後、手を
ゆっくりと外します。

脚のつけ根軸の働き1

合理的に腰を折り曲げて、
体を前傾する

器械運動の技には、**脚のつけ根軸**で腰を曲げて体を前
傾することが合理的な回転や前方移動につながるものが
あります。**脚のつけ根軸**で体の折り目を明確につく
ることによって、スムーズで安定感のある動きを導き
ます。

働き1が活用できる技	●前転（マット運動） ●開脚跳び（跳び箱運動）

脚のつけ根軸の補助運動
▶おじぎの運動

① 手を上げて
腰を伸ばす

事前に**脚のつけ根軸**の部
位を確認したうえで行い
ましょう。

② 脚の
つけ根軸で
腰を深く
曲げる

顔を膝に近づけます。

失敗例

鉄棒を
おなかにのせる

脚のつけ根軸が鉄棒から外
れると、痛みを伴うだけでな
く、腰が深く曲がりません。

NG

マット運動遊び ①
ゆりかご

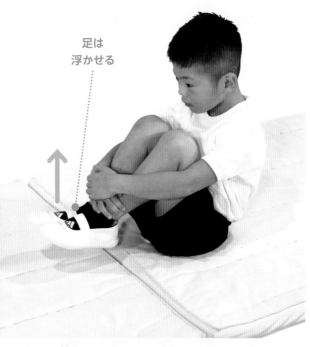

足は
浮かせる

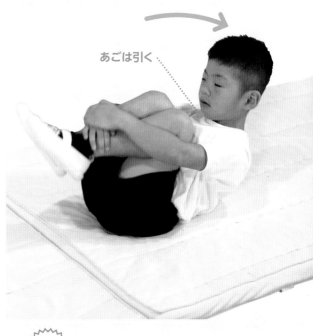

あごは引く

① 両膝を抱えて 尾骨で体を支える

腰を深く曲げて、**脚のつけ根軸**をつくります。

② 背中を丸めたまま 後ろに転がる

脚のつけ根軸での回転を維持します。

事前確認

尾骨を 確認する

低学年の子どもたちには「ヒトがお猿さんだったときのしっぽのところだよ」などと声をかけると、伝わりやすいです。

補助運動

「手と足バンザイ」で10秒止める

腰を深く曲げながら、尾骨でバランスを取る感覚を身につけます。

腰を深く曲げた姿勢を維持すると、
脚のつけ根軸で
スムーズな回転運動ができます。

背中は
上部のみを
つける

③ **腰を上げる**

①〜③を数回繰り返します。

低学年
マット運動遊び
中学年
高学年

低学年
鉄棒運動遊び
中学年
高学年

低学年
跳び箱運動遊び
中学年
高学年

脚のつけ根軸の働き2

合理的に腰を折り曲げて、体を後傾する

器械運動の技には、腰の角度を狭めた姿勢を維持して**脚のつけ根軸**をつくることでスムーズな後方回転につながるものがあります。上半身と下半身を近づけると、**脚のつけ根軸**がつくりやすくなります。

働き2が活用できる技	●後転（マット運動）

脚のつけ根軸の補助運動
▶ **バンザイゆりかご**

① 尾骨で体を支えて3秒止める

回転開始時に手と足を腰より高く上げることにより、腰の角度を狭めて**脚のつけ根軸**をつくります。また、尾骨で体を支えた状態から開始すると回転の支点が定まるため、回転中に上半身と下半身を近づけた姿勢を維持しやすくなります。

② 脚のつけ根軸で後方に回転する

手と足の距離を一定に保ち、腰の角度を狭めた姿勢を維持しながら後方に回転します。回転の最終局面では、背中の上部のみをマットにつけて腰を上げます。

失敗例

✕

背中全体が同時について回転が止まる

足を上げずに頭や背中で引っ張るように体を後傾すると、**脚のつけ根軸**での回転がつくれずに腰が開きやすくなります。すると、背中の「下部→中部→上部」の順次接触ができず、回転後半で腰を上げることが難しくなります。

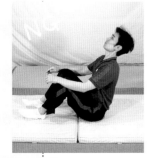 

23

マット運動遊び②
クマ歩き

腰は
高く上げる

目は
少し先を見る

手のひら全体を
つける

つま先で
マットを蹴る

肘は伸ばす

1 両手両足をマットに つけて腰を上げる

足は肩幅よりやや広げて、**脚のつけ根軸**で腰を上げます。膝はマットにつけないようにしましょう。

2 手と足でマットを 押して前に進む

脚のつけ根軸を上げた姿勢を維持します。「お尻を高く上げて」と声をかけるとよいでしょう。

補助運動 「カエルの腰上げ」で腰を上げる感覚を身につける

足を開いてしゃがみ、手を膝の内側につきます。

手を動かさずに、腰を上げて10秒数えます。「できるだけお尻を高く上げてみよう」と声をかけましょう。

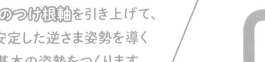

脚のつけ根軸を引き上げて、
安定した逆さま姿勢を導く
基本の姿勢をつくります。

体は正面を
向いたまま

脚のつけ根軸の働き3

合理的に腰を上げる

脚のつけ根軸を引き上げると、体が上半身と下半身の境目できれいに折れ曲がるため、腰を合理的に上げることができます。器械運動の技には、腰を上げて逆さまの姿勢をつくるものが多くあります。低学年から脚のつけ根軸を引き上げる感覚を身につけておくと、中・高学年における技の習得の際に大いに役立ちます。

働き3が 活用できる技	● 伸膝台上前転 （跳び箱運動）

脚のつけ根軸の補助運動
▶ 膝を伸ばしたクマ歩き

① 手足をマットにつけて腰を上げる

肘と膝を伸ばして、**脚のつけ根軸**を引き上げます。手は手のひら全体を、足はつま先のみをマットにつけ、ゆっくりと前に進みます。

② 腰の高さをキープしたまま前に進む

膝が曲がらない程度に手と足を近づけます。慣れてきたら、つま先で左右交互に軽くマットを蹴り上げながら前に進みましょう。

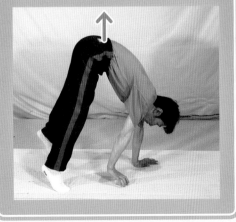

3. 膝をつかずに
立ち上がる

最後まで膝をつけずに、**脚のつけ根軸**を上げて安定した姿勢を維持します。

失敗例

膝をつく

膝をつくと、**脚のつけ根軸**が下がり、姿勢が崩れてしまいます。最初から最後まで膝をつかないように取り組みましょう。

NG

跳び箱運動遊び ①

支持で跳び乗り・跳び下り

腕の内側は
耳に添える

目は正面

腰は伸ばす

腰は
上げる

着手は「バン!」と
音が鳴るように

腰は真下に
下げる

手のひら
全体をつく

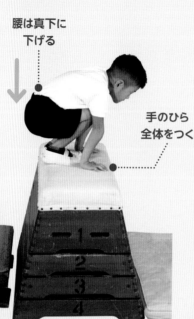

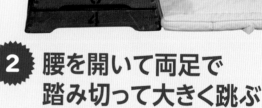

1 脚のつけ根軸を
下げきって足を乗せる

助走から踏み切り後、力強く手をついて腰を上げてから足を乗せます。そのとき、膝を深く曲げ、胸を太ももに近づけます。

2 腰を開いて両足で
踏み切って大きく跳ぶ

腕、腰、膝を一気に伸ばし、つま先で跳び箱を蹴り上げます。

補助運動 **1**

2人組でしゃがむ運動をする

しゃがみ立ちを数回繰り返します。

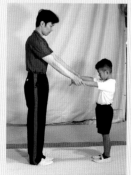

教師と子どもで行う場合、教師は子どもの手首を上から握って、子どもの腰を真下に下げる動きを導きます。子ども同士でもできます。

補助運動 **2**

助走なしで
跳び箱に乗る

子どもの手をしっかりと押さえます。手が固定されることにより、**脚のつけ根軸**を上下させる動きが生まれやすくなります。

脚のつけ根軸を
下げることにより、
安定した姿勢をつくります。

腰は
少し下げる

目は
正面を向く

腕は前に
伸ばす

③ 腰を軽く下げて着地する

足がマットに触れるタイミングに合わせて膝を曲げて**脚のつけ根軸**を下げると、柔らかく安全な着地ができます。

失敗例 NG

脚のつけ根軸が下がらない

脚のつけ根軸を下げきらないと、腰が浮いたまま体が前のめりになり、姿勢が崩れやすくなります。また、膝も深く曲がらないため、次の大きなジャンプにもつながりません。頭から落下する危険性もありますので、十分に注意しましょう。

脚のつけ根軸の働き4

合理的に腰を下げる

器械運動の技には、**脚のつけ根軸**で体の折り目を明確につくって腰を下げることにより、安定した姿勢をつくることができるものがあります。また、**脚のつけ根軸**の下げ方を調整することによって、安定する位置まで重心を移動させるこの働きは、各技の着地の際にも活用することができます。

働き4が活用できる技	●前方支持回転（鉄棒運動）

脚のつけ根軸の補助運動
▶しゃがむ運動

①脚のつけ根軸を確認する

左右の脚のつけ根を人さし指で押さえます。

②脚のつけ根軸を下げる

左右の脚のつけ根を押さえたままましゃがみます。このとき、膝を曲げる意識よりも、お尻の下側を下げる意識を強くすると、**脚のつけ根軸**をスムーズに下げきることができます。

低学年 マット運動遊び 中学年 高学年
低学年 鉄棒運動遊び 中学年 高学年
低学年 中学年 高学年 跳び箱運動遊び

鉄棒運動遊び②

ツバメ・ツバメスイング

目は
正面を向く

肘は伸ばす

脚は閉じる

① ツバメの姿勢を つくる

脚のつけ根軸と鉄棒を一致させて、体を一直線に伸ばします。

② 足先を 少し前に出す

ツバメの姿勢から**脚のつけ根軸**で腰を軽く曲げて、足先を鉄棒の真下より少し前に出します。

補助法
子どもの足首からふくらぎあたりをつかみます。ジャンプに合わせて持ち上げて、**脚のつけ根軸**を鉄棒に一致させます。

子どもの頭の少し上に手を置き、「頭を先生の手につけてみよう」と声をかけると、背中と肘が伸びやすくなります。

動きに合わせて**脚のつけ根軸**で
腰の開き方を調整して、
上手にバランスを取ります。

3 脚を後ろに振り上げる

4 腰を曲げて
脚を前に振る

脚のつけ根軸を鉄棒にかませるようにして、腰を深く曲げます。脚を鉄棒の高さまで上げることができると大きなスイングになりますが、無理のない範囲で行いましょう。③④を数回繰り返します。

✕ 失敗例

鉄棒に
おなかを乗せる

脚のつけ根軸が鉄棒から外れると、痛みを伴うだけでなく、腰の曲げ伸ばしがうまくできません。

NG

脚のつけ根軸の働き**5**

合理的に腰の開き方を
調整する

器械運動の技には、タイミングに合わせて**脚のつけ根軸**を中心にして腰の曲げ伸ばしを行うことにより、動きのバランスをうまく取ることができるものがあります。腰の開き具合は技術レベルに応じて変えていくことが大切で、段階的に腰の開き方を大きくしていくと、より雄大な動きや技につながります。

**働き5が
活用できる技** ●倒立前転（マット運動）

脚のつけ根軸の補助運動
▶**腰の曲げ伸ばし運動**

①脚のつけ根軸を前に出す

脚のつけ根軸をできる限り前に出し、腰を伸ばします。

②脚のつけ根軸を後ろに引く

脚のつけ根軸をできる限り後ろに引いて、腰を深く曲げます。①と②を数回繰り返します。腰の前後移動を大きく行うことによって、体の折り目感覚を身につけます。

マット運動遊び③

壁登り逆立ち

膝はマットに
つけない

目は
手と手の間を
見る

1 片足ずつ
壁をゆっくりと登る

壁を背にして四つん這いの姿勢をつくります。
膝をマットにつけずに、**脚のつけ根軸**で腰を
曲げた姿勢で登ります。

腰は
反らせない

足の裏は
壁につける

膝は伸ばす

目は手と手の
間を見る

肘は伸ばす

2-1 腕で体を支えて
逆立ちをする

足の裏が腰の高さよりやや上まできたら、開脚姿勢で止
めます。**脚のつけ根軸**で腰を曲げ、しっかりとバランス
を取ります。手と手の間を見ながら10秒数えましょう。

 補助法

脚のつけ根軸に腕を添えて、腰が落ちて
きたら腕で軽く押し上げます。

脚のつけ根軸で腰を曲げて足から下りる
ことができるように、腕でサポートします。

脚のつけ根軸で腰を曲げた姿勢を
維持すると腰が落ちにくくなり、
安定した壁登り逆立ちができます。

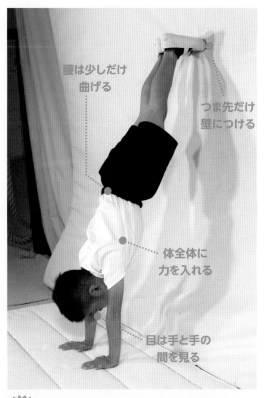

腰は少しだけ
曲げる

つま先だけ
壁につける

体全体に
力を入れる

目は手と手の
間を見る

2-2 ゆっくりと壁に近づいて、足を閉じる

腰は決して反らさずに軽く曲げ、**脚のつけ根軸**で体を支える姿勢を維持します。グラグラしない範囲で段階的に行います。手と手の間を見ながら、10秒数えましょう。

失敗例

脚の
つけ根軸が
下がる

腰が落ちると、腕で体をしっかりと支えることができません。

NG

脚のつけ根軸の働き6

合理的に腰の開き方を維持する

器械運動の技には、**脚のつけ根軸**で腰の開き方を一定に維持することが有効に作用するものがあります。腰の開き具合は技術レベルに応じて変えていくことが大切で、段階的に腰の開き方を大きくしていくと、より雄大な動きや技につながります。

働き6が活用できる技
- 側方倒立回転（マット運動）

脚のつけ根軸の補助運動
▶ **おじぎで止める運動**

1 深いおじぎで止める

小指を**脚のつけ根軸**に当てます。**脚のつけ根軸**を意識して腰を深く曲げます。技に取り組む前に行うことで、教師と子どもの間で腰の開き具合の認識を一致させることができます。

2 軽いおじぎで止める

脚のつけ根軸を意識して、腰を浅く曲げます。「次はもう少し浅く曲げてみよう」などと声をかけながら、腰を曲げる角度を確認しながら行いましょう。

低学年

マット運動遊び

中学年

高学年

低学年

中学年

高学年

鉄棒運動遊び

低学年

中学年

高学年

跳び箱運動遊び

「クリア目標」を達成してから無理なく技に挑戦しよう！

　器械運動は、逆さまになる、回転する、腕で体を支えるなど、非日常的な運動である特性をもつことから、大きなケガにつながる可能性が高い運動種目であると言えます。中でも跳び箱運動は、学校体育において事故発生率の最も高い種目であるとも言われています。

　ケガを防ぎ、安全性を確保するうえでまず必要なことは、対象の子どもに応じた無理のない課題を設定することです。子どもを観察し、姿勢が大きく崩れている、恐怖感を抱いている、強引な体の使い方をしていると感じた場合は、すぐに、よりやさしい課題に変更しましょう。それ以前に、補助運動や補助つきの運動などを取り入れながら段階的な指導を行い、危険な状況を生まないしくみをつくることが何より大切です。さらに私は、段階的な指導の中に「この動きができたら、この技に挑戦してもいいですよ」という「クリア目標」を設定しています。

後転における クリア目標

後転にいきなり取り組むと、首を痛める可能性があります。そのため、次のようなクリア目標を取り入れるとより安全に指導を進めることができます。

👍 クリア目標❶

「手をついて、肘に太ももをのせる」動き

↓ 達成できたら……

坂道を使った手と足バンザイ後転 に挑戦！

　本書で各技の補助法を紹介していますが、指導時間内で全員に対応することは難しく、補助を嫌がる子どももいます。この「クリア目標」を設定すると、補助に大きく頼らずとも、より安全に取り組ませることができます（クリア目標を達成したとしても気になる子どもに対しては横につき、手助けできる用意をしておく必要はあります）。本書内でいくつかの「クリア目標」を紹介していますので、ぜひ、状況に応じて活用してください。

▶ 指導法と技の見本を動画で確認することができます。

側方倒立回転	補助逆上がり／ 逆上がり	開脚跳び （横向き・縦向き）

中学年編

「脚のつけ根軸」を使って
基本的な技を習得しよう!

スムーズな上達を図るためには指導手順が決め手!?
指導を支える「事前確認」「補助運動」「補助法」、
そして「クリア目標」の実際は?

中学年で取り組む技の指導法を「脚のつけ根軸」の観点を踏まえて紹介します。

第

3

章

技を合理的に習得するための指導手順例

技に入るための場づくりと指導手順例

中学年では、低学年で学習した運動遊びの学習を踏まえ、基本的な技を身につけることが求められます。ここでは「前転」を例に授業の指導手順を紹介します。課題の技によっては器具の都合上、レベル差に応じて異なる場での取り組みが必要です。あくまでも一つの具体例として参考にしてください。合理的な指導を行うためには、子どもの人数や技術レベル、使用できる器具、安全面などの環境を考慮して指導を組み立てることが大切です。

●場づくり例

豊富な運動量を確保し、教師の手本や仲間の取り組みを観察しやすくするために、短マットを使って以下のような場づくりをします。

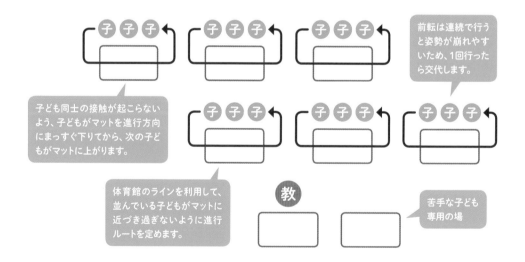

前転は連続で行うと姿勢が崩れやすいため、1回行ったら交代します。

子ども同士の接触が起こらないよう、子どもがマットを進行方向にまっすぐ下りてから、次の子どもがマットに上がります。

体育館のラインを利用して、並んでいる子どもがマットに近づき過ぎないように進行ルートを定めます。

苦手な子ども専用の場

●準備運動例

手首をほぐす、首を回すなど通常の準備運動に加え、「脚のつけ根軸の働き1（前傾する）」の補助運動である「おじぎの運動」や事前確認の「あごを引く感覚を身につける運動」もこのタイミングで行い、体の部位・関節感覚を呼び覚まします。

●基本の運動例

　「前転」では、四つん這いの姿勢で腰を高く上げて、腕で体を支える基礎感覚が必要になります。

　そこで、基本の運動としてクマ歩きをたくさん行います。そして、脚を開いた立位から**脚のつけ根軸**で腰を曲げて手をつくことや立つ際に膝をつかずに前を向くことなどを意識させ、安定した動きを身につけます。なお、膝を伸ばして行うと、腰を高く上げた姿勢を維持することができます。

技の指導例

　以下のような手順で**脚のつけ根軸**の使い方や動きの技術を身につけながら、段階的な課題に取り組みます。なお、「先生や仲間に合格と言われたら、次の課題に移る」というルールをつくっておくと、子どもたちは達成感を味わいながら張り切って取り組みます。

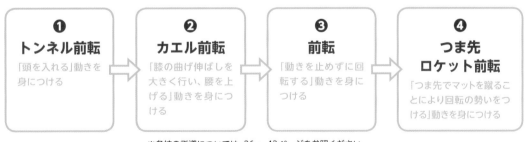

❶ トンネル前転	❷ カエル前転	❸ 前転	❹ つま先 ロケット前転
「頭を入れる」動きを身につける	「膝の曲げ伸ばしを大きく行い、腰を上げる」動きを身につける	「動きを止めずに回転する」動きを身につける	「つま先でマットを蹴ることにより回転の勢いをつける」動きを身につける

※各技の指導については、36 〜 43ページを参照ください。

　また、マットの下に踏み切り板を入れて傾斜をつくる（39ページ参照）場づくりをして、上達具合に合わせて傾斜の場とフラットな場を随時行き来させるなどの苦手な子どもに対する配慮も大切な観点です。さらに、子ども同士でお互いの動きを観察し、客観的に体の使い方を捉えて教え合う、学び合いの取り組みも大切です。たとえレベル差があったり、課題が異なったりしても、**脚のつけ根軸**を使うことができているかについて評価し合うなどして、お互いに学びを深めていくとよいでしょう。

マット運動 ①

前転

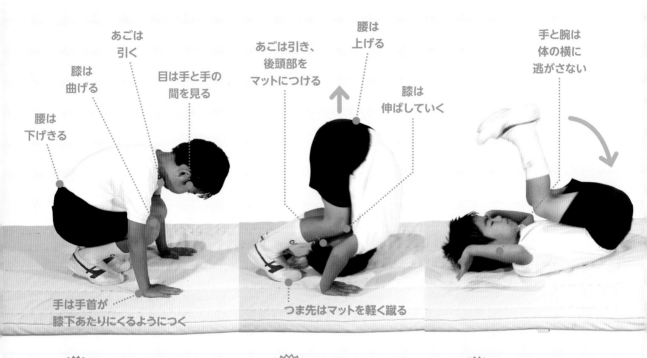

あごは
引く

膝は
曲げる

目は手と手の
間を見る

腰は
下げきる

手は手首が
膝下あたりにくるようにつく

あごは引き、
後頭部を
マットにつける

腰は
上げる

膝は
伸ばしていく

つま先はマットを軽く蹴る

手と腕は
体の横に
逃がさない

1 脚を閉じて
マットに手をつき
しゃがむ

脚のつけ根軸を下げきります。

2 腰を上げて
頭を入れる

腰を上げながら、**脚のつけ根
軸**で体を前傾させます。

3 背中を
丸めて
回転する

「首→背中→腰」の順で体の背面
をマットにつけて回転します。

事前確認

あごを引く
感覚を
身につける

あごと首元で、ハン
カチを落とさない
ように挟みます。手
の指を挟んで、その
指を引っ張ること
でも代用できます。

補助法

脚のつけ根軸で体が折れ曲がるように、両手
でお尻の下と首の裏を挟むように押さえます。

前転は、
脚のつけ根軸による腰の開き方で
レベルに応じた大きさの回転をします。

腕はまっすぐ
振り下ろす

膝は曲げて、
かかとをお尻に
近づける

目は
前を見る

腕は前に
伸ばす

肩はあごに
近づける

膝は深く曲げる

あごは引く

低学年

マット運動　中学年

高学年

低学年

鉄棒運動　中学年

高学年

低学年

跳び箱運動　中学年

高学年

**④ 腕を前方に伸ばし
起き上がる**

腕を前方に伸ばすことにより、重心が前に移動して回転の
スピードを落とさずに起き上がることができます。

頭が入っていることを
確認して回転させます。

背中がマットについ
たあたりで押さえて
いる手を放します。

失敗例

頭を遠くにつく

頭を遠くにつくと、**脚のつけ根軸**での前
傾ができず、頭が入りません。

前転

膝は
軽く曲げる

手のひらは
全体をつける

 脚を開いたバンザイの姿勢から
手を足もとにつく

脚のつけ根軸で腰を深く曲げることにより、頭が入りやすくなります。

補助法

手の横の部分を**脚のつけ根軸**に当て、子どもに体の折り目をつくります。

反対の手で子どもの手首をつかみ、手をつく位置へ誘導します。

頭を入れて転がるだけの「前転がり」です。
初心者の第一ステップとして
最適な課題です。

膝は
ゆっくりと
曲げる

あごは引いて
頭を入れる

足先は
後ろに残す

頭は
後頭部を
つける

手は
横に逃がさず
上に向ける

 ## 2 あごを引いて
脚のトンネルをのぞく

「トンネルの上のほうをのぞいてごらん」と声をかけると、
自然とあごを引くことができます。

3 頭を入れて
前に転がる

背中を丸めて、ゆっくりと回転します。
起き上がることができなくてもよいです。

子どもが手をついたら、前後に
手を添えてサポートします。

初心者向け **子どもが動きやすい場をつくる**

マットの下に踏み切り板を入れると、緩やかな角度が
生まれ、回転しやすくなります。

鉄棒運動
低学年
中学年
高学年

跳び箱運動
低学年
中学年
高学年

前転

▶腰を上げて回転する｜カエル前転

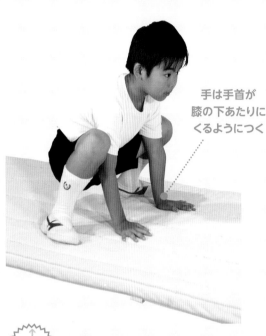

手は手首が
膝の下あたりに
くるようにつく

腰は
上げきる

カエルの ポーズをする

脚を開き、体の近くに両手をついてしゃがみます。

膝を伸ばして 腰を上げる

脚のつけ根軸で腰を上げきり、いったん動きを止めます。

前転の段階指導

前転には種類があります。**脚のつけ根軸**の使い方を段階的に変化させながら上達を図りましょう。以下のようなステップで指導していきます。

トンネル前転

回転したあとに起き上がることができなくてもよいです。しっかり頭を入れてから回転し、首を痛めないことを最優先にして指導します。

カエル前転

次に膝の曲げ伸ばしを覚え、腰を上げる感覚を身につけます。腰を上げきって、いったん動きを止めてから安全に回転します。

前転

動きを止めず、スムーズに回転します。小さな回転でもよしとします。

つま先 ロケット前転

つま先でマットを強く蹴って勢いをつけ、体を遠くに運びます。より大きな回転になるように腰を開きます。

膝の曲げ伸ばしの動きによって、
腰を上方に移動させてから回転します。

あごは引いて
頭を入れる

頭は
後頭部をつく

手は横に
逃がさない

③ 頭を入れて回転する

トンネル前転と同じようにあごを引いて回転します。

クリア目標

脚を閉じてゆっくりとカエル前転をする

これができたら回転を少しずつ速めて通常の前転に挑戦しましょう。

失敗例

腰が上がりきる前に回転する

膝を伸ばしきる前に回り始めると、胸を軸に
した回転となり、頭が入りにくくなります。

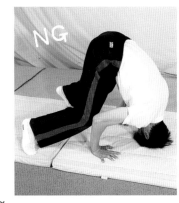

NG

前転

上級者向け
▶ **大きな回転をする** ┃ **つま先ロケット前転**

👍 **クリア目標** 「前転」が安定してできてから挑戦しましょう。

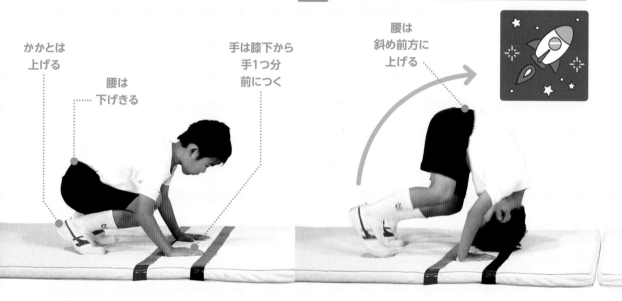

かかとは
上げる

腰は
下げきる

手は膝下から
手1つ分
前につく

腰は
斜め前方に
上げる

1 体から少し離して
両手をつき、しゃがむ

つま先から30〜50cm程度の位置を目安にして手をつきます。ビニールテープを貼って、手をつく位置の目安にすることも効果的です。

2 つま先で
強く蹴り上げる

脚のつけ根軸を斜め上前方に移動させて、大きな回転につなげます。

補助法

腰の両側をつかみ、**脚のつけ根軸**を下げきります。

腰の両側をつかんだまま、**脚のつけ根軸**を斜め上前方に引き上げます。

頭が入ったことを確認してから**脚のつけ根軸**を下げます。

つま先でマットを蹴り上げて勢いをつけます。
腰を斜め上前方に移動させて
大きな回転をします。

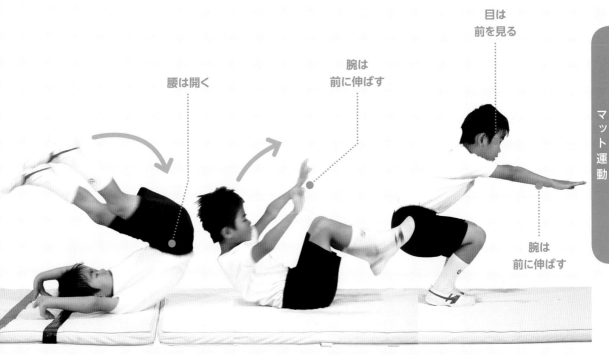

腰は開く

腕は
前に伸ばす

目は
前を見る

腕は
前に伸ばす

低学年

マット運動

中学年

高学年

低学年

鉄棒運動

中学年

高学年

低学年

中学年

跳び箱運動

高学年

③ 腰を開いて大きく回転する

脚のつけ根軸での腰の開き方を調整しながら回転します。

肩を両側から押し上げて、起き上がりをサポートします。

注意!

回転が空回りする

脚のつけ根軸の前方移動がなく、上方移動のみで蹴り上げると、回転が空回りして首を痛めてしまうことがあります。

NG

マット運動②

後転

目は
前を見る

腕は
前に伸ばす

腰は膝の
高さにする

腕は
横に逃がさない

足は
勢いよく
上げる

肘は
閉じる

膝は
曲げる

お尻は
足から
遠くにつく

1 腕を前に伸ばし 腰を膝の高さまで下げる

「椅子に座って前ならえ」と声をかけて、開始姿勢を
イメージさせるとよいでしょう。

2 足を上げて 後ろに回転する

お尻をつく動きに合わせて、足を上げて回転します。
肘を曲げて手をつく準備をします。

事前確認❶ 手のつき方を確認する 回転の際に体をしっかりと支えるための腕と手の動きを身につけます。

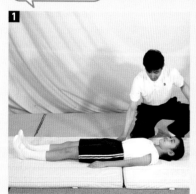

1

気をつけの姿勢で仰向けに寝ます。

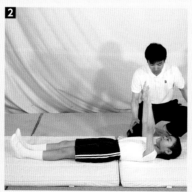

2

腕をまっすぐに上げます。

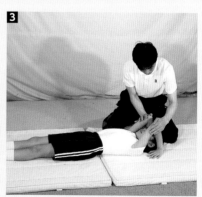

3

指先を肩に向けて、手のひら全体をつきます。
肘は真上に向けて内側に入れます。

足を膝より高く上げてから
体を後傾すると、**脚のつけ根軸**で
スムーズに回転することができます。

肘は
上に向けて
閉じる

指先は
進行方向と
逆に向ける

手のひら全体で
強く押す

膝は
マットに
つけない

足は
つま先から
マットにつける

③ 脚のつけ根軸で回転してマットに手をつく

足を後方に移動させることにより、**脚のつけ根軸**での回転を
維持します。

④ 両手でマットを押して起き上がる

足はつま先からつけて、膝をマットに
つかないように気をつけます。

（事前確認❷）

足のつき方を確認する

脚のつけ根軸で腰を深く曲げてつま先からつくと、膝をつけずに起き上がりやすくなります。

仰向けに寝て、手をついた状態から足をゆっくりと上げ、つま先をできる限りマットに近づけます。少し開いても構いません。

失敗例

足を上げずに背中から後傾する

背中で上体を引っ張るようにして後傾すると、腰が開いて背中全体が同時につき、動きが止まりやすくなります。

NG

低学年

中学年

高学年

マット運動

低学年

中学年

高学年

鉄棒運動

低学年

中学年

高学年

跳び箱運動

後転

▶尾骨で体を支える | **坂道を使った手と足バンザイ後転**

 手と足を高く上げて座り 3秒数えてから 後傾する

 足を上げて 後ろに回転する

脚のつけ根軸で回転します。

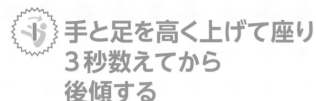

手は高く 上げる

尾骨で 体を支える

足は膝より 高く上げる

足は強く 振り上げる

足は 後方に流す

肘は閉じて 上に向ける

マットの下に 踏み切り板を 置いて 坂道をつくる

手のひらは返す 肘は閉じる

腰は曲げた ままにする

補助運動

👍 **クリア目標❶** **手をついて、肘に太ももをのせる**

この動きができたら、「坂道を使った手と足バンザイ後転」に挑戦しましょう。

「手と足バンザイ」の姿勢で3秒数えてから後傾します。

手をつくのと同時に、肘に太ももを乗せて3秒数えます。手をしっかりとついたうえで腰を上げる感覚を身につけます。

補助法

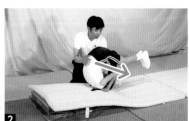

腕を**脚のつけ根軸**に当て、反対側の手で腰を軽く押し上げます。

教師の腕と子どもの**脚のつけ根軸**を一体化させてサポートします。

郵 便 は が き

1 1 3 8 7 9 0

料金受取人払郵便

本郷局
承認

3601

差出有効期間
2022年 2 月
28日まで

東京都文京区本駒込5丁目
　　　　　　　　16番7号

東洋館出版社
営業部 読者カード係 行

ⅡⅡ·ⅡⅡ·ⅡⅡ·ⅡⅡ·Ⅱ·Ⅱ·······Ⅱ·Ⅱ·Ⅱ·Ⅱ·Ⅱ·Ⅱ·Ⅱ·Ⅱ·Ⅱ·Ⅱ·Ⅱ·Ⅱ·Ⅱ·Ⅱ

ご芳名	
メール アドレス	＠ ※弊社よりお得な新刊情報をお送りします。案内不要、既にメールアドレス登録済の方は 右記にチェックして下さい。□
年　齢 性　別	①10代　②20代　③30代　④40代　⑤50代　⑥60代　⑦70代〜 男　・　女
勤務先	①幼稚園・保育所　②小学校　③中学校　④高校 ⑤大学　⑥教育委員会　⑦その他（　　　　　　　）
役　職	①教諭　②主任・主幹教諭　③教頭・副校長　④校長 ⑤指導主事　⑥学生　⑦大学職員　⑧その他（　　　　　）
お買い求め 書店	

Q ご購入いただいた書名をご記入ください

（書名）

Q 本書をご購入いただいた決め手は何ですか（1つ選択）

①勉強になる　②仕事に使える　③気楽に読める　④新聞・雑誌等の紹介
⑤価格が安い　⑥知人からの薦め　⑦内容が面白そう　⑧その他（　　　　　）

Q 本書へのご感想をお聞かせください（数字に○をつけてください）

4：たいへん良い　3：良い　2：あまり良くない　1：悪い

本書全体の印象	4—3—2—1	内容の程度/レベル	4—3—2—1
本書の内容の質	4—3—2—1	仕事への実用度	4—3—2—1
内容のわかりやすさ	4—3—2—1	本書の使い勝手	4—3—2—1
文章の読みやすさ	4—3—2—1	本書の装丁	4—3—2—1

Q 本書へのご意見・ご感想を具体的にご記入ください。

Q 電子書籍の教育書を購入したことがありますか?

Q 業務でスマートフォンを使用しますか?

Q 弊社へのご意見ご要望をご記入ください。

ご協力ありがとうございました。頂きましたご意見・ご感想などを SNS、広告、宣伝等に使用させて頂く事がありますが、その場合は必ず匿名とし、お名前等個人情報を公開いたしません。ご了承下さい。

手と足を上げた姿勢から始めると
腰の角度を小さく保ち、
脚のつけ根軸で回転することができます。

③ 両手でマットを 押して起き上がる

練習を進め、徐々に回転を速めて、膝を閉じた姿勢で
立つことができるようにしていきましょう。

手は左右 同じ力で押す

脚のつけ根軸を持ち上げます。

3

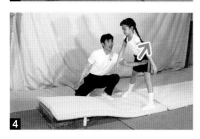

4

👍 **クリア目標②**

段階的にさまざまな 姿勢からの 後転をする

③の姿勢からの後転ができたら、
フラットなマットでの「後転」に
挑戦しましょう。

② 「後ろ向きのクマ」の 姿勢からの後転

① 「手と足バンザイ」の 姿勢からの後転

③ 「椅子に座って前ならえ」の 姿勢からの後転

この流れで取り組むことで、自然と完成形に導くことができます。

マット運動③
側方倒立回転

腕は上げる

へそは
前に向ける

腰は伸ばす

足先は
前に向ける

後ろ足は
勢いよく
振り上げる

前足の膝は
曲げて
足で踏み込む

腕は勢いよく
振り下ろす

前足を踏み出しながら、両腕を振り下ろす

右回転の場合は右足を前足にします。腰を伸ばした状態から始めます。
腰は横（右回転は右側）には曲げますが、前後には曲げずに伸ばします。

事前確認

回転方向を
確認する

写真は、右回転の
場合の開始の姿勢
です。反対に、左足
を前足にして左手
を先につく左回転
のほうがやりやす
い子どももいます。
子どもがやりにく
さを感じていたら、
反対の回転も試し、
その子どもに合っ
た回転方向を確認
しましょう。

「くの字」側転

＼手／

脚のつけ根軸での腰の開き方を
維持し、姿勢を安定させましょう。

低学年
マット運動
中学年
高学年

低学年
鉄棒運動
中学年
高学年

低学年
跳び箱運動
中学年
高学年

足先は
遠くに回すように
振り上げる

腰は伸ばす

脇は開く

腕は伸ばす

前足は後ろ足が
高く上がるまで
上げない

目は
手と手の
間を見る

  足先を勢いよく、大きく振り上げる

右回転の場合は、写真のように「右手→左手」の順で手をつきます、
足は「左足→右足」の順で振り上げます。

回転中は腰を曲げた「くの字」
の大きさを一定に保ちます。

「手・手・足・足」の4拍子で、
手と足をマットにつきます。

慣れてきたら、徐々に「くの字」を大き
くしていき、大きな回転をめざします。

手

足

足

側方倒立回転

脚は
大きく開いた状態を
維持する

腰は伸ばす

左右の手は
一直線上につく

目は手と手の
間を見る

3 脚を大きく開いて回転する

脚が頭の真上を通るように、一直線上で回転します。腰は伸ばした姿勢を維持します。

事前確認 **腰の開きを保つ**　　**脚のつけ根軸**での腰の開き方で回転の大きさを調整できますが、
いずれの場合も腰の開き方を一定に保つことで回転を安定させます。

◉ 腰の開き方㋡
脚を広げ、腕を肩の高さ
まで上げます。右手の指
先から左手の指先まで、
まっすぐに保ちます。

㋡

◉ 腰の開き方㊥
脚のつけ根軸で上半身を
前傾させます。

㊥

足先は遠くに
回すように
振り下ろす

指先は遠くに
回すように
上げる

腕は
肩の高さと同じか
やや上で止める

低学年

マット運動

中学年

高学年

低学年

鉄棒運動

中学年

高学年

低学年

跳び箱運動

中学年

高学年

④ 前足を下ろすのに合わせて両腕を上げて上体を起こす

最後の着地まで腰を伸ばした
姿勢を維持します。

● 腰の開き方 小
脚のつけ根軸で腰を深く
曲げます。

小

失敗例

胸で体を引っ張るようにして回る

回転の中心が脚のつけ根軸から外れると、回転途中
で腰が開き、体がブレて姿勢が崩れます。

NG

NG

GYMNASTICS
9

マット運動③

側方倒立回転

初心者向け**1**
▶腰の開き方小 | **またいで クルリン お相撲さん**

右足が前足の場合、
またぐ前に
右手を跳び箱の右端につく

＼ またいで ／

目は
両手の間を見る

後ろ足

前足

1 跳び箱の端に
手をついて止まる

跳び箱の正面に立ち、両手を跳び箱の端につきます。

2 後ろ足で跳び箱を
またいで止まる

跳び箱をまっすぐにまたぎます。跳び箱を中心に
脚の形が三角形になるようにします。

初心者向け**1**
小さくジャンプする

バンザイをして脚を前後に開いた姿勢から始めます。
手がつくのと同時に前足でマットを蹴り、後ろ足を
振り上げて回転の勢いをつけます。

初心者向け**2**
大きくジャンプする

跳び箱1段（横向き）を補助台にします。
手と足の動きを止めながらゆっくりと行うことにより、
脚のつけ根軸回転の感覚を身につけます。

\ クルリン /

あごは引く　　　膝は伸ばす

\ お相撲さん /

腕の高さは
肩と同じか
やや上にする

③ 腰と脚の形は②のまま 背中側から体を回す

脚のつけ根軸で「くの字」に曲げた腰の開き方を
維持します。

④ 前足をついてから 上体を起こし腰を伸ばす

前足をつくまで「くの字」に曲げた腰の開き方と両脚
の三角形を維持します。前足をついてから上体を起こ
して腰を伸ばし、「お相撲さん」のポーズで決めます。

慣れてきたら前足の蹴りをより強く、後ろ足の振り
上げをより大きくして、大きな回転にしていきます。

👍 **クリア目標**　これができたら跳び箱を外し、
フラットなマットで「側方倒立
回転」に挑戦しましょう。

失敗例

NG

途中で腰が 開いてしまう

胸で体を引っ張ると、
回転の中心が**脚のつけ
根軸**から外れ、上体が
後ろに倒れやすくなり
ます。

NG

マット運動③

側方倒立回転

中級者向け❷
▶膝を伸ばす補助運動 | グルグル回転

●右回転の場合

顔は
右側に
向ける

体重は
左足に乗せる

腕は
下げない

膝は
伸ばす

右足は
上げる

① お相撲さんの
ポーズをして
右を向く

前ページのお相撲さんのポーズをします。
腕は肩と同じ高さに保ちます。

② 左足を軸にして、
背中側へ半回転する

①のお相撲さんのポーズのまま、左足を軸にして右
方向へ半回転します。腰の開き方は一定に保ちます。
上げている足の膝が曲がりやすいので、伸ばすよう
に意識します。

補助運動 | やじろべえのように左右に揺れる

腕を広げて膝を伸ばし、やじろべえのように、バランスを取りながら体を左右に動かします。

脚のつけ根軸で腰
の開き方を一定に
保ちます。脚のつ
け根軸で軽く腰を
曲げると膝が伸び
やすくなります。

腕は
下げない

軸足は、
❷とは反対の
足にする

膝は伸ばす

低学年

中学年

マット運動

高学年

低学年

鉄棒運動

中学年

高学年

低学年

跳び箱運動

中学年

高学年

③ ①の ポーズで 動きを止める

右側に顔を向けて回転の準備を
します。

④ 右足を軸に して、お腹側へ 半回転する

①のお相撲さんのポーズのまま、右足
を軸にして右方向へ半回転します。

⑤ 開始の 向きに 戻る

いったん動きを止め
てから、再び①〜④
を繰り返します。

注意!

ロボット歩きになってしまう

ロボット歩きとは、「右→左→右→左」と交
互に回転することです。背中側に半回転
せずに足を交互に前に出すと、側方倒立
回転の動きにつながりません。

1

2

3

4

5

55

補助逆上がり

事前確認 **ゴールデンポーズ**

目は前を見る

あごは軽くひく

手首は伸ばす

へそは
前に出す

脇は締めて
肘は曲げる

振り上げ脚のつけ根に
テープを貼り、
目印にする

踏み切り脚は
膝を曲げて
前へ出す

振り上げ脚は、
斜め45度後方に引く

振り上げ脚は
つま先立ちをする

足先は前に向ける

❶ 振り上げ脚を確認する

子どもの前に手を出して、「この手に向かって脚を上げてごらん」と声をかけます。
そのときに上げた方の脚が振り上げ脚です。

❷ 振り上げ脚のつけ根を意識する

振り上げ脚を膝から上げて、曲がった股のラインが脚のつけ根です。
そのラインの中央部位にテープを貼り、鉄棒に近づけるポイントの目印にしましょう。

失敗例

ゴールデンポーズが整っていない

ゴールデンポーズができていないと、腰が落ちて振り上げ脚のつけ根が鉄棒から離れやすくなります。

❸ ゴールデンポーズを確認する

左ページの体の各部位のポイントを意識して構えます。

補助逆上がり

逆上がり即時上達法

子どもとは鉄棒を
挟んだ反対側にしゃがむ

ゴールデンポーズで
構える

踏み切り脚は
鉄棒の真下より
1足分前に置く

この局面で、振り上げ脚のつけ根が鉄棒に
ギリギリまで近づく高さにしておく

目は膝を見る

上半身は
後ろに
倒さない

振り上げ脚の
つけ根を
鉄棒に近づける

膝は伸ばす

1 片手で子どもの
腰裏をサポートする

子どもの振り上げ脚側に膝をついてしゃがみます。
腰裏に手を当てて、軽く前に押します。

2 振り上げ脚のつけ根を
鉄棒に近づけて止める

子どもの腰裏を押し上げながら、振り上げ脚の膝裏から太
もも裏あたりを持ち上げます。

補助台を使う　補助台は頭をぶつけないように、鉄棒から1足分
前に離します。また、振り上げ脚をぶつけないよ
うに、踏み切り脚側にずらして設置します。

※補助台に頭や足をぶつけないように、十分確認してから取り組みましょう。

● **補助者なしで行う**
跳び箱1段や椅子を補助台として活用すると、踏み切り
脚に体重が乗りやすく、振り上げ脚の勢いが増します。
椅子を使う場合は、動かないようにしっかり押さえます。
不安定な場所では行わないようにしましょう。

● **補助つきで行う**
補助の方法は上記と同じです。

子どもの上達に合わせて、徐々に補助を軽くして
いきましょう。

補助をすることで、**脚のつけ根軸**での回転を
身につける指導法です。腕の力をできるだけ
使わないタイプの逆上がりをめざします。

脚を大きく開いた姿勢を
維持する

踏み切り脚の
振り上がりを抑える

背中と
振り上げ脚の
太もも裏を押さえる

目は
振り上げ脚の
膝を見る

腰裏を
強く押さえる

脚のつけ根軸と
鉄棒を一致させる

③ 振り上げ脚を大きく開いて脚のつけ根を鉄棒につけたままゆっくりと回転させる

両脚がそろうと腰が落ちやすくなるため、脚を前後に大きく
開いた姿勢を維持します。また、回転中に腰が開かないように
鼻と振り上げ脚の膝をできるだけ近づけた姿勢を維持します。

④ 子どもの脚をそろえふとん干しの姿勢をつくる

振り上げ脚の膝が鉄棒を越えたら、踏み
切り脚を下ろして両脚をそろえます。

ゴールデンポーズから振り上げ脚のつけ根を
鉄棒につけるイメージをもって行いましょう。

失敗例

NG

脚のつけ根軸回転になっていない

脚のつけ根と鉄棒の間に隙間が
ある状態で回してしまう。

踏み切り脚の膝が曲がると、
隙間ができてしまいます。

NG

開脚跳び（横向き）

腰は
少し落とす

腕は伸ばす

膝は
軽く曲げる

腰は上げる

目は
斜め下前方を
見る

肘は伸ばす

❶ 助走をして 踏み切る

両脚をそろえて力強く踏み切りましょう。

❷ 手をつき、脚のつけ根軸で 腰を高く上げる

踏み切ると同時に腰を上げます。手をついたときに
音が鳴るくらい腕を力強く振り下ろします。

事前確認

足先の軌道を確認する

跳び越す際の足先の軌道を指し示します。

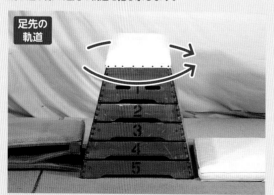

足先の
軌道

補助法 ❶

脚のつけ根軸に
腕を当てて少し
持ち上げること
により、体を前傾
させて足先を前
に運ぶ動きを導
きます。腕を軽く
押さえ、姿勢を崩
した場合の落下
を防ぎます。

開脚跳びは、横向きの跳び箱から始め、
脚を開いて跳び越す感覚を身につけてから
縦向きにつなげましょう。

目は
前を見る

指先は
肩の高さで
前に向ける

足先は
大きな半円を
描くように回す

腰は下げて
膝は曲げる

脚はそろえる

③ 脚のつけ根軸で体を前傾させ、足を前に出す

足先が跳び箱の外側にはみ出すように
脚を大きく開きます。

④ 膝を曲げて着地する

脚は回しきり、着地時にそろえます。

補助法❷

腕を軽く支え、お尻の下を
軽く進行方向に押してサ
ポートします。

着地まで子どもの前後に腕を添えて
カバーします。必要な場合は、腕やお
腹を押さえて動きを止めます。

注意！

跳び箱から滑り落ちてしまう

跳び箱の縁の部分に手をつくと、滑り落
ちる場合があります。助走から行う場合
は跳び箱の中ほどに手をつきましょう。

NG

低学年
中学年
高学年
マット運動

低学年
中学年
高学年
鉄棒運動

低学年
中学年
高学年
跳び箱運動

開脚跳び（横向き）

▶足を開いて回す | 手をついて パッ

腰は
この位置から
高く上げる

肘は伸ばす

手は縁につく

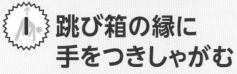
1. 跳び箱の縁に
手をつきしゃがむ

②で手首や指をお尻で踏まないように、
跳び箱の前方の縁に手をつきます。

2. 脚を大きく開いて
跳び箱の上に乗る

脚のつけ根軸で腰を高く上げてから跳び箱に座ります。
足先が跳び箱からはみ出すように脚を大きく開きます。

バンザイ・
トン・パッ

「手をついて パッ」が
できるようになった
ら取り組みましょう。

クリア目標

これが補助なしでで
きたら、**助走から**「開
脚跳び（横向き）」に
挑戦しましょう。

両手を上げ、腰を伸ばして跳び箱の前に
立ち、腕を勢いよく振り下ろします。

バンザイ

「トン！」と音がするように力強く、手を跳び箱の縁に
ついて腰を下げます。教師は子どもの手を押さえます。

トン

恐怖心をもたずに跳び箱の上で
脚を開く感覚と、足先を大きく回して
前に運ぶ感覚を身につけます。

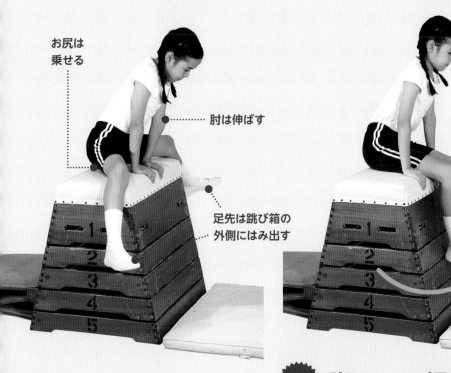

お尻は
乗せる

肘は伸ばす

足先は跳び箱の
外側にはみ出す

③ 脚のつけ根軸を中心に
足先を回して下りる

体を前傾させ、足先を回しながら前に運ぶ感覚を身につけま
す。足先を回し切って、閉じてから下ります。

腰を上げながら脚を大きく開き、足先を回します。このとき、跳び箱には乗らずに、手をついたら
すぐに跳び越しましょう。教師が子どもの手を押さえておくことで、腰が上がりやすくなります。

着地は3秒止めましょう。

パッ

1・2・3

低学年

中学年

マット運動

高学年

低学年

中学年

鉄棒運動

高学年

低学年

中学年

跳び箱運動

高学年

跳び箱運動②
開脚跳び（縦向き）

腰は
下げる

目は手をつく
ところを見る

跳び箱の
約 $\frac{2}{3}$ の位置に
目印をつける

膝は
軽く曲げる

目は斜め前方下を見る

腕は
伸ばす

1 助走をして
踏み切る

踏み切る際に腕を前に伸ばし、
腰を少し下げます。

2 手をついて
脚のつけ根軸で
腰を高く上げる

踏み切ると同時に腰を上げます。手は目印の
テープより先（$\frac{1}{3}$の部分）につきましょう。

事前確認

手とお尻の位置を確認する
手はどこにつくか、お尻はどこまで運ぶかを指し示します。

手をつく位置　　　お尻を運ぶ位置

手をつく位置、
お尻を運ぶ位
置を明確にイ
メージできる
と、**脚のつけ
根軸**をうまく
使うことがで
きます。

補助法

子どもの腕を
つかむ準備を
します。子ども
の脚が当たら
ないように、少
し腰を引きな
がら動きに対
応しましょう。

足先は
跳び箱より前まで
勢いよく運ぶ

腰は
下げる

目は
正面を向く

指先は
肩の高さで
前に向ける

膝は曲げる

③ 脚のつけ根軸で体を 前傾させて足先を前に運ぶ

肩をぐっと前に出して、お尻を前に運びます。

④ 膝を曲げて 着地する

前のめりにならずに柔らかい
着地をします。

手をつくと同時に腕（肘の上あたり）
を軽くつかんで前に運びます。

跳び越すのが難しそうな場合は、反対の
手で子どもの太ももの裏を軽く押します。

着地までサポートします。安定してできる
場合は手を離しますが、崩れた場合に対応
できる構えをしておきます。

跳び箱運動

開脚跳び（縦向き）

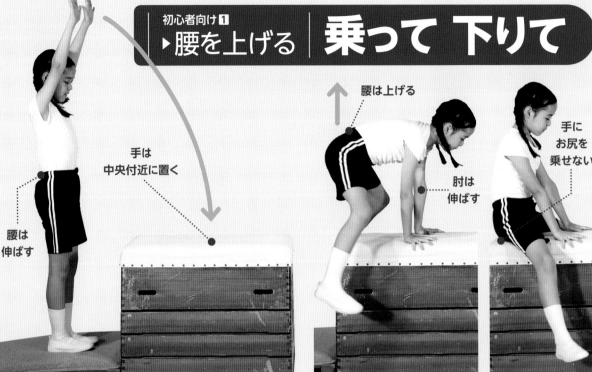

初心者向け❶
▶ 腰を上げる｜乗って 下りて

腰は伸ばす

手は中央付近に置く

腰は上げる

肘は伸ばす

手にお尻を乗せない

1 バンザイの姿勢から勢いよく腕を振り下ろす
跳び箱の中央付近に手をつきます。

2 腰を上げて跳び箱の上に乗る
脚のつけ根軸で腰を上げます。跳び箱に乗ったら、③で跳び箱の縁に手をつきやすい位置までお尻を移動させます。

初心者向け❷

階段跳び箱

椅子に脚を乗せることにより、**脚のつけ根軸**を高く上げる感覚を身につけます。

👍クリア目標
これがテンポよくスムーズにできたら、助走からの「開脚跳び（補助つき）」に挑戦しましょう。

跳び箱の両サイドに椅子を置き、動かないように押さえます。

なるべく膝を伸ばした状態で、両脚を同時に椅子に乗せます。

脚のつけ根軸で
体を前に折り曲げながら
足先を前に運ぶ感覚を身につけます。

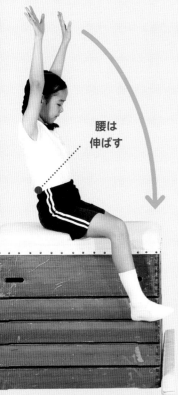

腰は
伸ばす

腰は
曲げる

腰は
少し下げる

目は
前を見る

腕は
腰の高さで
前に伸ばす

膝は
軽く曲げる

③ 再びバンザイの姿勢から 腕を振り下ろす

腕を力強く振り下ろすと、**脚のつけ根軸**で腰を
上げやすくなります。

④ 跳び箱から 下りる

足先を前に運び、跳び箱から
下ります。

跳び箱の縁に
手を移動させ
て、足先を前
方に振り下ろ
します。

下りる際に、
脚を椅子にぶ
つけないよう
に注意します。

注意！

NG

手をつく位置が 近すぎる

お尻で手を踏まないよ
うに、お尻を乗せるス
ペースを空けるように手
をつきます。手は左右に
ずらしたり、指だけで支
えたりせずに、手のひら
全体でしっかりとつきま
しょう。

NG

低学年

中学年

高学年

マット運動

低学年

中学年

高学年

鉄棒運動

低学年

中学年

高学年

跳び箱運動

67

踏み切り・着地

「くの字」踏み切り

助走～踏み切りは、上体をやや前傾させた姿勢を維持します。

腰は
「くの字」に曲げる

❶ 助走する

脚のつけ根軸で腰を軽く曲げてからスタートし、前傾姿勢を維持したまま走ります。

❷ 脚のつけ根軸での前傾を維持したまま、少し腰を下げて踏み切る

腰の曲げ伸ばしと踏み切り板のばねを利用したうえで、着手に向けて体を前方に運ぶ姿勢で踏み切ることができます。

事前確認

腰を軽く曲げた細長い「くの字」姿勢から助走をスタートする

助走～踏み切り、着地まで腰を軽く曲げた細長い「くの字」姿勢をそのまま維持するためのきっかけをつくります。

失敗例

助走の勢いが止まる

踏み切り時に上体が起きると、助走の勢いを着手につなげることができません。

NG

「くの字」着地

着地は上体をやや前傾させた姿勢になります。「椅子に座って前ならえ」と声をかけると、姿勢がイメージしやすくなります。

- 目は正面を向く
- 背筋を伸ばす
- 腕は肩の高さで伸ばす
- 腰は下げる
- 腰は軽く「くの字」に曲げる

 膝を曲げて重心を下げる

脚のつけ根軸で腰を軽く曲げた姿勢を維持することにより、姿勢が安定して止まりやすくなります。

（補助運動） **着地姿勢を確認する**

4～5段の跳び箱の上から跳び下りて着地します。

1　2　3　4

姿勢の確認とともに**脚のつけ根軸**を下げる感覚を身につけます。

失敗例

× **前のめりになる**

着地時に腰や膝が伸びていると着地の勢いを止めることができずに、体が前のめりになってしまいます。

NG

跳び箱運動

脚のつけ根軸における
水平バランスの重要性

———

　スポーツの指導をする際に「体軸が大事である」という言葉をよく耳にします。一般的に体軸とは、頭から足まで体を上下一直線に貫く意識のことを指し、体軸が定まると動きが安定してスポーツのパフォーマンスが上がると言われています。

　私は、これまでの運動指導経験を通し、「動きに安定感を出すためには、上下軸も大切だが、脚のつけ根軸の左右バランスもことさら大事なようだ」と感じています。

　跳び箱を勢いよく上手に跳ぶことができる子どもは、助走で脚のつけ根軸の左右の傾きが少なく水平を保っているものです。一方、逆上がりができない子どもの開始姿勢では、へそやつま先が横を向く、肘の高さが左右バラバラであるなど、脚のつけ根軸の左右バランスが不安定な場合が多々あるものです。この脚のつけ根軸を水平に保つ感覚を身につけるためには、体と器具との位置関係を意識させることも一つの指導観点です。

　例えば、マット運動の授業では、導入の準備運動や基本の運動から意識させていきます。マット中央のラインとラインの間から足がはみ出ないようにケンケンやカンガルージャンプをする、クマ歩きで前に進み、両手の指先をマットの端に同時に合わせてから立つなどの取り組みをするとよいでしょう。

　また、技の指導では、逆上がりの開始姿勢で鉄棒と脚のつけ根軸を平行にする、跳び箱の着地後にマットの横から下りるのではなく、マットをまっすぐに通り抜けて下りるなど、特に始めと終わりの局面で意識させるとよいでしょう。

第4章

高学年編

「脚のつけ根軸」を使って発展技に挑戦しよう!

腰の曲げ伸ばしでレベルアップ!?
より美しく雄大に技を行うためのしくみがわかる?

高学年で取り組む技の指導法を
「脚のつけ根軸」の観点を踏まえて紹介します。

 指導法と技の見本を動画で
確認することができます。

補助逆上がり／
逆上がり

高学年で求められる技の発展性とは

より美しく、雄大な技をめざす

高学年では、中学年で学習した基本的な技を安定して行うとともに、その発展技や更なる発展技に取り組んでいきます。基本的な技ができるようになった子どもたちへの課題の発展性には、「より美しく、雄大に」という側面があります。

器械運動における美しさや雄大さとは、どのような動きや姿勢をさすのでしょうか。器械運動の発展的なスポーツ種目である体操競技では、技の難度や出来栄えで評価がされます。たとえ難しい技に取り組んでも、出来栄えが悪ければ、つまり、美しくなければ減点されます。出来栄えの判断基準には、次のようなものがあります。

● 伸ばすべき関節を伸ばしているか
● 閉じるべきタイミングで脚を閉じているか
● 姿勢が左右均等になっているか
● 動きを止めるべきところは止め、止めるべきでないところはスムーズに動いているか　など

また、基本的に同じ技の場合でも、次のように姿勢が発展するにつれてより雄大な動きが表現され、より評価が高くなります。

抱え込み姿勢（膝と腰を曲げた姿勢）
⬇
屈身姿勢（膝を伸ばし腰を曲げた姿勢）
⬇
伸身姿勢（膝も腰も伸ばした姿勢）

このような美しさや雄大さの観点は、小学校体育の器械運動においてもそのまま当てはまると言えるでしょう。ですから、高学年の発展技や更なる発展技では、膝を伸ばす技や膝と腰を伸ばす技が多く取り上げられるようになるのです。

高学年の発展技・更なる発展技例

新学習指導要領解説【体育編】で例示されている高学年の発展技や更なる発展技では、膝を伸ばす技や膝と腰を伸ばす技が目立ちます。

膝を伸ばす技	膝と腰を伸ばす技
▶マット運動	▶マット運動
・易しい場での伸膝前転	・補助倒立前転
・伸膝後転	・倒立前転
	・後転倒立
▶鉄棒運動	・倒立ブリッジ
・前方伸膝支持回転	・前方倒立回転
・後方伸膝支持回転	・前方倒立回転跳び
	・ロンダート
▶跳び箱運動	・頭はね起き
・屈身跳び	・補助倒立
・伸膝台上前転	・倒立
	▶跳び箱運動
	・頭はね跳び
	・前方屈腕倒立回転跳び

「腰の曲げ伸ばし」でさらなるレベルアップを

　器械運動における基本的な技の習得の段階では、多くの場合、マット運動の前転のように膝を曲げた状態で回転します。この回転は、主に「腰と膝の曲げ伸ばし」の動きによって行われます。

　一方、跳び箱運動の伸膝台上前転のように膝を伸ばした発展技では、多くの場合、回転は主に「腰の曲げ伸ばし」の動きで行われます。

　つまり、器械運動の発展技を習得するためには、「腰と膝の曲げ伸ばし」から「腰の曲げ伸ばし」の動きへ移行させることが大きなポイントになります。そして、腰の曲げ伸ばしの動きを司るのが、「脚のつけ根軸の働き5」の「合理的に腰の開き方を調整する」です。

　なお、回転時における可能な腰の開き方の範囲は、柔軟性、逆さ感覚、脚力、腕支持力、体幹力などによって異なるため、自身の力に合うように調整する必要があります。また、技を行う際の状況に即座に対応する調整力も必要です。伸膝台上前転を例に挙げると、想定より踏み切りが弱かったと感じた場合は開きを小さく押さえる、力強く踏み切れた場合は大きく開くなど、動きの中で腰の開き方を即座に調整すると、美しく安定感のある雄大な技を行うことができます。

　腰の開き方が大きくなるほど雄大な回転になるとともに、屈身から伸身姿勢に近づいていきます。そして、完全な伸身姿勢で逆さまの状態をつくると、もはや台上前転ではなく、倒立前転になります。

　ほかの発展技や更なる発展技においても、**「脚のつけ根軸の働き」** を使うことで技を成立させるとともに、美しく雄大な動きや姿勢をつくることができます。**脚のつけ根軸**をうまく活用して、高学年らしい美しく雄大な技ができる喜びや楽しさを引き出しましょう。

マット運動④
倒立前転

振り上げ脚は
腰に続けて
遠回しに上げる

つま先は
伸ばす

腰は
伸ばす

腰は
一気に
曲げる

目は
手と手の間より
やや上を見る

腰は
はじめに
上げる

肘は
腰と同時に
曲げる

1 振り上げ脚を上げて手をつく

脚のつけ根軸を後ろ足より早く振り上げて、腰を決して反らせないようにします。

2 腰を伸ばして倒立する

脚のつけ根軸で腰を開き、体を一直線にします。

3 脚のつけ根軸で腰を曲げる

足先が頭上を越すのと同時に、腰を一気に曲げます。

（補助運動） 後ろ向き壁倒立からの前転

👍 クリア目標

つま先を壁からゆっくりと離して、倒立で3秒静止してから前転することができたら、壁なしの「倒立前転」に挑戦しましょう。

足で壁を登り、倒立姿勢をつくります。

つま先で壁をなぞるようにしながら前転に入ると、**脚のつけ根軸**で腰を曲げやすくなります。

腰を曲げたまま前転をします。

脚のつけ根軸での腰の曲げ伸ばしを
意識すると、メリハリのある
美しい倒立前転になります。

あごは引く

膝は
深く曲げる

腕は
伸ばして
前方に向ける

4 前転をする

脚のつけ根軸で腰を曲げた姿勢を維持すると
背中が丸まり、スムーズに回転ができます。

5 立ち上がって フィニッシュ

腰を伸ばして腕を上げます。

補助者は足首付近を両手で支えます。自分の顔に
ぶつからないように振り上げ脚を捕まえます。

前転に移行する**脚のつけ
根軸**の働きを誘導します。

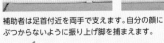
補助法 ※子ども同士で補助を行う場合は、体格差を考慮してペアを組みましょう。

失敗例

脚のつけ根で腰が 曲がらない

倒立から前転に移行する際に、腰が
伸びたままだと前転につながらず、
倒れてしまいます。

低学年

中学年

マット運動

高学年

低学年

中学年

鉄棒運動

高学年

低学年

中学年

跳び箱運動

高学年

マット運動⑤
ロンダート

●右回転の場合

後ろ足は
強く
振り上げる

前足は
後ろ足に続けて
振り上げる

後ろ足　前足

腰は伸ばす

膝は伸ばす

左手は
進行方向と
逆向きにつく

目は
手と手の
間を見る

右手は
横向きにつく

I 助走をして体を 1/4 ひねりながら手をつく

側方倒立回転と同様に回転方向を決めます。踏み切った前足の延長線上に手をつきましょう。

初心者向け❶　壁ロンダート　壁を使うことにより、手と足のまっすぐな軌道を身につけることができます。壁から30cmほど離れた位置から始め、慣れてきたら徐々に壁に近づけて行いましょう。

マットの
境目

マットの境目やカラーテープなど、あらかじめ確認した目印を見ながら行います。

手前側の手と奥側の手で目印をまたいで手をつきます。壁に沿って後ろ足、前足の順で振り上げます。

頭の真上で両足をそろえます。つま先だけを壁につけます。

脚のつけ根軸による腰の曲げ伸ばしで、
前半（①②）と後半（③④）の
動きを切り替えます。

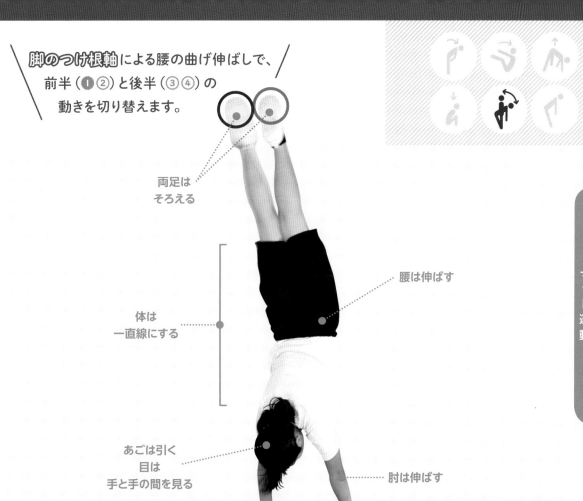

両足は
そろえる

腰は伸ばす

体は
一直線にする

あごは引く
目は
手と手の間を見る

肘は伸ばす

 ② 頭の真上で両足をそろえて倒立姿勢をつくる

先に振り上げた後ろ足の動きを止めて、そこに前足を合わせるイメージで行います。足首の内側の
引きつけを意識させるには、「頭の上で足の音をパチンと鳴らそう」という声かけが効果的です。

👍 **クリア目標**　これができたら通常の「ロンダート」に挑戦しましょう。

体をひねりながら両足をそろえて下ろします。

目線を固定させることにより、軸がぶれない回転を
導きます。

腕を上げて上体を起こします。

ロンダート

腰は曲げる

へそは
下に向ける

肘は伸ばす

目は
手と手の
間を見る

手でマットを押す

③ 体の上をさらに1/4ひねりながら両足を下ろす

足が頭を越す局面に合わせて、**脚のつけ根軸**で腰を曲げていきます。
腰は一気に下げず、できるだけ倒立姿勢時の高さを維持します。

初心者向け❷　**補助つきで行う**　一直線上で回転する軌道をつくりましょう。

立つ位置と手をつく位置を確認してから行います。

膝からすねあたりを両手でつかみにいきます。

倒立の姿勢で両足をそろえる。

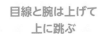

目線と腕は上げて
上に跳ぶ

腕は下げて
再び着地する

目は
手と手の間を
見る

腕は
肩の高さまで上げて
ポーズを決める

手で
マットを押す

膝は
軽く曲げる

4 足をそろえて着地をする

足を下ろす動きに合わせて目線を上げ、上体を起こします。上達に合わせて、足をつける前に手を離して上体を起こすようにしましょう。

 クリア目標 これが補助なしでできたら、通常の「ロンダート」に挑戦しましょう。

失敗例

腰の高さを維持したまま、膝のあたりを内側に押し下げることにより腰の曲がりを誘導します。

両足がついたら手を離します。

回転に合わせた
脚のつけ根軸での
腰曲げができない

腰を曲げるタイミングが遅れると、上体を起こすことが難しくなります。

マット運動

低学年
中学年
高学年

低学年
中学年
高学年
鉄棒運動

低学年
中学年
高学年
跳び箱運動

鉄棒運動 ②
逆上がり

手首は
伸ばす

腰はやや
後ろに引く

膝は
腰の高さまで
上げる

踏み切り脚

つま先は
前に向ける……　振り上げ脚

腰は
上げる

❶ 踏み切り脚を
上げる

ゴールデンポーズ（56ページ）の姿勢から、
そのまま踏み切り脚を上げます。

❷ 踏み切り脚で
力強く踏み込む

マットの音が鳴るくらい力強く踏み切ります。その反動
により、振り上げ脚が勢いよく上がりやすくなります。

もう少しで成功しそうな子ども向け

「逆上がリング」で
教え合い

直径20cmほどのリングを用意し
ます。中心点を鉄棒のバーの高さ
に合わせて支柱に貼りつけます。

「あと○cmで入るよ」など、子ども同士で観察し合
うことにより、客観的に到達具合を確認できます。

補助法

踏み切りに合わせて、腰裏と振り上げ脚の太
もも裏を手で押し上げてサポートします。

子どもの腰の側面（**脚
のつけ根軸**の高さ）に
カラーテープを貼りま
す。リングを横からの
ぞいたときに、カラー
テープがリングの中に
入るように、**脚のつけ
根軸**を鉄棒に近づけま
す。

踏み切り脚で力強く踏み込むと
振り上げ脚が勢いよく上がり、
素早く脚のつけ根軸回転に移行できます。

目は
振り上げ脚の
膝を見る

脚は前後に
大きく開く

腰は
落とさない

手首は返す

③ 振り上げ脚を勢いよく上げる

脚のつけ根軸を鉄棒へストレートに近づけます。

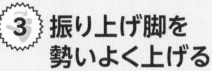

④ 脚のつけ根軸を鉄棒につけて上体を起こす

脚のつけ根軸が鉄棒につくタイミングに合わせて、両脚をそろえます。

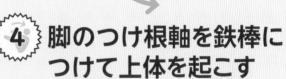

低学年
中学年
高学年

鉄棒運動

マット運動

とび箱運動

低学年
中学年
高学年

跳び箱運動

補助運動 腰を曲げる感覚を身につける

子どもの足首を持ち、脚のつけ根軸と鉄棒を一致させて、逆さまの姿勢をつくります。3秒ほど止めてから脚を下ろし、脚裏と背中を押さえます。

失敗例

回転時に脚のつけ根軸が鉄棒から離れる

振り上げ脚が上がり、早い段階で脚がそろうと腰が落ちやすくなります。

鉄棒運動③

前方支持回転

肘は
伸ばす

脚のつけ根軸と
鉄棒を一致させる

手首は
やや「八」の字にする

肘は
伸ばす

背中は
伸ばす

膝は
曲げる

あごは
引かない

❶ 腕支持姿勢で 脚を前に出す

脚のつけ根軸を鉄棒に合わせて、腰を
軽く曲げます。

❷ 脚のつけ根軸を中心に 回転する

前に出した脚を振り戻しながら、上体を前に倒します。

補助運動①

空中体育座りをする

脚のつけ根軸を膝
より下げた腕支持
姿勢の感覚を身に
つけます。

手首が「八」の字に
なるように脇を開き、
肘を鉄棒より少しだ
け前に出します。膝
は深く曲げて、膝頭
を鉄棒より上げます。
脚のつけ根軸と鉄棒
は一致させましょう。

クリア目標

これが3〜5秒
間キープできた
ら、回転に挑戦し
ましょう。

補助運動②

ふとん干しからの 起き上がり

回転の後半（頭が鉄
棒の真下を通過後）
で、**脚のつけ根軸**を
鉄棒から離さない感
覚を補助によって身
につけます。

鉄棒の下から子ど
もの背中を、鉄棒
の上から太もも裏
を押さえましょう。

始めから終わりまで、**脚のつけ根軸**と鉄棒を
一致させて回転します。回転の後半で、
膝を鉄棒の高さより下げないことが重要です。

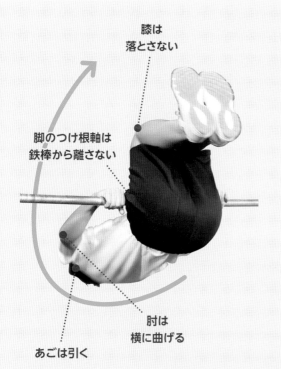

膝は
落とさない

脚のつけ根軸は
鉄棒から離さない

肘は
横に曲げる

あごは引く

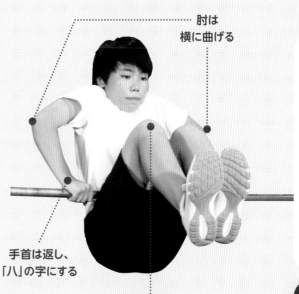

肘は
横に曲げる

手首は返し、
「八」の字にする

膝は上体が
起きるまで
下げない

③ 脚のつけ根軸を鉄棒から 離さずに起き上がる

膝を鉄棒より高い位置に置いたまま、上半身を近づけていきます。

④ 腕支持姿勢を つくる

肘が鉄棒の上にきてから、
脚を下ろします。

太もも裏と背中を強く押さえます。胸と太ももをつけて、
腰で鉄棒を挟むように上半身と下半身を近づけます。

失敗例

脚のつけ根軸と 鉄棒が離れる

起き上がる際に膝が落ちると、腰が
落ちて落下します。

NG

低学年
中学年
高学年

マット運動

鉄棒運動

低学年
中学年
高学年

跳び箱運動

低学年
中学年
高学年

GYMNASTICS 18

鉄棒運動 ④
後方伸膝支持回転

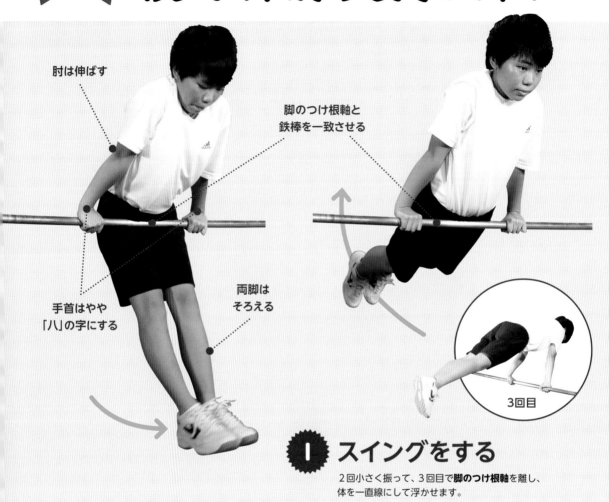

肘は伸ばす

脚のつけ根軸と
鉄棒を一致させる

手首はやや
「ハ」の字にする

両脚は
そろえる

3回目

❶ スイングをする

2回小さく振って、3回目で脚のつけ根軸を離し、
体を一直線にして浮かせます。

補助運動❶ 腕支持でスイングをする

脚のつけ根軸で腰を深く曲げる感覚を身につけます。

👍 クリア目標

前方スイングにおいて、3
回連続で脚を鉄棒の高さ
まで上げることができた
ら、回転に挑戦しましょう。

足先を鉄棒よりも高く上げ
るつもりで、腰の曲げ伸ば
しを大きくして振ります。

補助運動❷ 回転開始の姿勢を確認する

回転を始めるとき、腰を深く曲げて、脚を高
く上げた姿勢を確認してから回転させます。

腕で脚を抱えて、反対の腕は腰裏を押
さえます。

腕で脚裏を持ち上げて回転させます。
反対の腕は腰裏を支えます。

脚のつけ根軸と鉄棒を一致させて、
腰の角度を一定に曲げたまま回転します。
脚を高く上げてから回転することが重要です。

脚は高く上げて
回転する

脚のつけ根軸と
鉄棒を一致させる

手首は返す

肘は
伸ばす

あごは引き、
目は膝から
足先あたりを見る

2 スイングのスピードを使って、回転する

脚を上げて、**脚のつけ根軸**での回転につなげます。

3 上体を起こして腕支持の姿勢をつくる

脚を下げる動きに合わせて上体を起こします。

鉄棒運動

高学年

補助法

両脚をそろえて前に伸ばし、
やや上げた姿勢で止めます。

腰裏に手を当てます。

回転に入るタイミングに合わせて、
脚裏に手を添えます。

腰裏を支えながら、反対の手で脚裏を
回転方向に押して勢いをつけます。

跳び箱運動④

伸膝台上前転

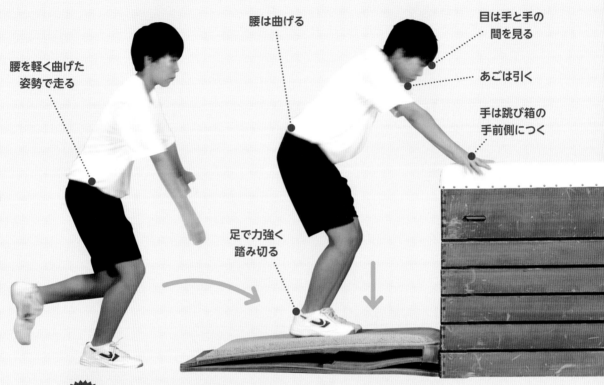

腰を軽く曲げた
姿勢で走る

腰は曲げる

目は手と手の
間を見る

あごは引く

手は跳び箱の
手前側につく

足で力強く
踏み切る

❶ 助走から踏み切り、跳び箱に手をつく

踏み切りでは、**脚のつけ根軸**を少し下げ、次の引き上げにつなげます。手は跳び箱の手前側につき、このあと頭や背中をつけるスペースを確保しましょう。

初心者向け❶

マットで練習する

マットを3枚ほど積み重ねた場づくりをします。

助走はせず、つま先を乗せたら、すぐに回転します。つま先だけを乗せることにより、**脚のつけ根軸**が上がり、膝が伸びやすくなります。慣れてきたら、軽い助走から行いましょう。

脚のつけ根軸を高く引き上げることにより、
腰が上がり、膝が伸びやすくなります。

足の
振り上げは
抑える

肘は
伸ばす

あごは軽く引く

目は手と手の
間を見る

★2★ 力強く蹴り上げ、両脚をピンと伸ばして
腰を高く上げる

踏み切りと同時に**脚のつけ根軸**で腰を引き上げます。
足の振り上がりを抑えて腰の曲がりを維持します。

【初心者向け❷】

1段の跳び箱で練習する

1段の跳び箱を連結して場づくりをします。

助走をつけて1段から始め、慣れてきた
ら2〜3段まで段数を増やして行います。
低い跳び箱で行うと回転時に体が前へ流
れやすいため、跳び箱を連結させます。

1

2

3

4

5

伸膝台上前転

膝は伸ばす

目は
膝からすねの
あたりを見る

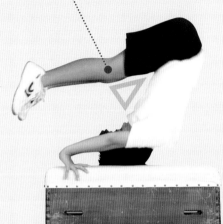

膝が伸びているか
自分の目で確認すると
伸ばそうとする意識が高まる

③ 腰を上げきってから後頭部をつけて回る

膝が曲がることを防ぐために、足先の振り上げは抑えます。**脚のつけ根軸**の引き上げにつられて足が上がるイメージです。足が跳び箱の高さを越したあたりで回転に入ります。

中級者向け

3段の跳び箱で練習する

3段の跳び箱を連結して場づくりをします。

👍クリア目標

これができたら、5～6段の跳び箱1台で助走から「伸膝台上前転」に挑戦しましょう。

● つま先を乗せて回転する

● つま先を乗せずに回転する

補助者を横につけて練習しましょう。

目は前に
向ける

腕と指先は
前に伸ばす

④ 台上での回転中は腰の開きを一定にし、着地に合わせて腰の開きと膝の角度を調整する

足がつくのと同時に、**脚のつけ根軸**を軽く下げると衝撃をやわらげることができます。

補助法

脚のつけ根軸の働きをサポートするとともに、回転の勢いに合わせて対応します。

脚のつけ根軸に手（人差し指の側面）を当てて、腰を上げます。

回転不足で跳び箱側に倒れそうな場合は、背中を押さえてサポートします。

着地で勢いあまって前に突っ込むことを想定して、カバーに入ります。

跳び箱運動

89

跳び箱運動 ⑤
頭はね跳び

腰は曲げる

腕は伸ばす

足をそろえて踏み切る

腰は上げる

足の振り上げは抑える

手は跳び箱の手前側につく

着手時に肘を曲げる

力強く踏み切って腰を上げる

伸膝台上前転と同様に、踏み切りと同時に**脚のつけ根軸**を引き上げます。

補助運動 ❶

補助と跳び箱を使う

カギカッコの姿勢でいったん止めてからスカイツリーの姿勢をつくります。

膝からすねのあたりを支え、ゆっくりと持ち上げます。腰の裏を腕全体でしっかりと支えましょう。

足が頭の真上にきたら、止めます。

補助運動 ❷

壁を使う

脚のつけ根軸で腰を開く感覚を身につけます。

👍 クリア目標

これができたら、跳び箱で「頭はね跳び」に挑戦しましょう。

「カギカッコ（屈身の姿勢）→スカイツリー（三転倒立の姿勢）
→ウサギの耳（両腕を上げた姿勢）」の流れで、
脚のつけ根軸による腰の開き方を調整しましょう。

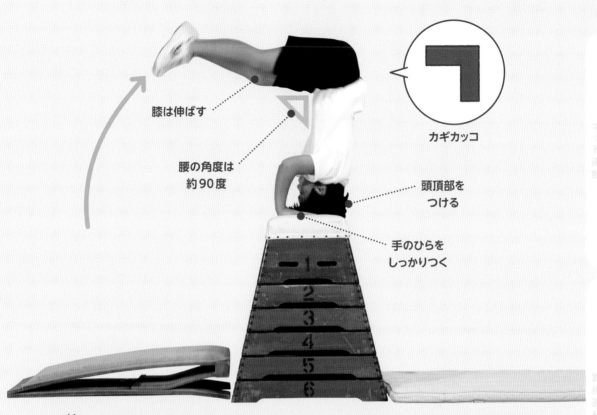

膝は伸ばす

腰の角度は
約90度

カギカッコ

頭頂部を
つける

手のひらを
しっかりつく

② 跳び箱の上でカギカッコ（屈身の姿勢）をつくる

頭（頭頂部）と両手の3点で体を支えます。腰は約90度になるように曲げて、背中と両脚を伸ばします。

手と頭をマットにつけた状態から足で壁
を登ります。つま先だけを壁につけ、カ
ギカッコの姿勢を確認して壁から離しま
す。**脚のつけ根軸**でゆっくりと腰を開い
てスカイツリーの姿勢をつくります。

事前確認
ウサギの耳をつくる

両腕の内側
を耳の横に
添えて伸ば
します。

腰の裏軸を
使って体を
軽く反らせ
ます。

失敗例
膝が曲がり
腰が上がらない

膝を曲げて足を振り上げると、**脚のつ
け根軸**を使うことができず、跳び箱
の上まで腰が上がりません。

頭はね跳び

スカイツリー

肘の曲げ伸ばしにより、
腕で跳び箱を突き離す

足先が
跳び箱を越えたら
一気に跳ね上がる

腕は横に
逃げないように伸ばす

足先が
跳び箱を越えたら
腰の裏軸を使う

③ 跳び箱の上でスカイツリー（三点倒立の姿勢）をつくって体を跳ね上げる

②の姿勢から**脚のつけ根軸**で腰を開き、跳び箱の真上で腰を一直線にした三点倒立の姿勢をつくります。足先が跳び箱を越すタイミングに合わせて、肘を伸ばして腕で跳び箱を突き離します。

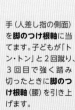
補助法

手（人差し指の側面）を**脚のつけ根軸**に当てます。子どもが「トン・トン」と2回蹴り、3回目で強く踏み切ったときに**脚のつけ根軸（腰）**を引き上げます。

手から腕に切り替えてカギカッコの姿勢まで力強く**脚のつけ根軸**を持ち上げます。

腕を固定し、**脚のつけ根軸**による腰の開きを促します。反対側の腕は腰の裏軸にあてて支えます。

肘は伸ばす

ウサギの耳

目は前を向く

腕は耳の横に
添える

腰の裏軸で
支える

腕と指先は
肩の高さ

脚のつけ根軸を
軽く下げる

膝を曲げる

④ 空中でウサギの耳をつくってから着地する

空中では腰の裏軸で体を軽く反らせますが、反らせすぎず、ほぼ一直線の姿勢を保ちます。
腕が耳の横から大きく離れると腕の突き離しが弱くなるので、気をつけましょう。

腕や手で腰の裏軸
を支えて、回転させ
ます。着地まで両手
を添えてサポート
しましょう。

注意!

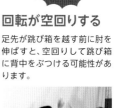

回転が空回りする

足先が跳び箱を越す前に肘を
伸ばすと、空回りして跳び箱
に背中をぶつける可能性があ
ります。

NG

「人体図」で
体への意識を高めよう!

　私は時折、子どもに体の部位・関節感覚を伝える際に「人体図」を用いています。医師がカルテを書くときのように意識させたい部位や関節に○をつけたり、黒板に貼って磁石で示したりするのです。すると、子どもは客観的、視覚的に特定の体の部位を捉えることができます。そして、通常、何気なく感じている「体の部位・関節感覚」を表面上に呼び覚ますことができます。

　人体図は小さめのホワイトボードや磁石 (脚のつけ根軸の場合は細長い棒状のものを使う) などを用いて、ペア活動やグループ活動でも活用できます。仲間同士でお互いの動きを観察し、「体のどの部位を強く意識しているように見えるか」「どこに意識を移せば、よりよい動きができるか」「脚のつけ根軸の働きを使うことができているか」などの観点で体の使い方を思考させるうえで役立ちます。と言いましても、知識の土台がない状態でいきなり意識や感覚を読み取りながら思考することは難しいので、教師がある程度、思考の目安となる観点を事前に示してから臨むとよいでしょう。

「逆上がり」であれば、「振り上げ脚のつけ根を鉄棒に近づけることができているかを観察しましょう」という観点をあらかじめ示すことも一案です。

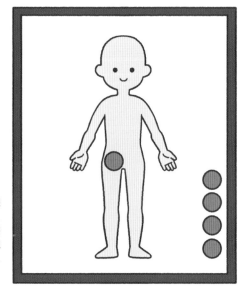

　私が常に意識している指導全般におけるキーワードは「ズレを生まない的確さ」です。教師が伝えたいことと子どもの認識との間にズレがあると、子どもは動きにくいものです。また、運動のしくみや対象の子どもの技能レベルとの間にズレがある課題を与えても、上達を図ることは難しいことでしょう。さらに、子どもたちの心情、体調、感覚と教師の対応の仕方との間にズレがあると、仲間同士で知的に頭を働かせて盛り上がるような思考場面が生まれにくい状況に陥るものです。

　本書では、とりわけ運動構造や伝達構造のズレの解消につなげるべく、「脚のつけ根軸の使い方」を中心とした器械運動の指導理論および指導法を紹介しました。読者の皆さまが本書で得た知識を「どのように学ばせるか」のヒントにして、「主体的・対話的で深い学び」に結びつけていただけたら嬉しく思います。例えば、側方倒立回転の段階指導の際に「膝を伸ばして」と一辺倒に声をかけるのではなく、「脚のつけ根軸のしくみ」を理解させたうえで思考させ、「脚のつけ根軸で腰を曲げると膝が伸びやすいこと」「腰の曲げ方を小さくしていくと大きな回転につながること」に気づかせて仲間同士で教え合う、そのようなアプローチへのきっかけとなれば幸いです。

　この20数年間、子どもたちとのかかわりの中で「何でうまくいかなかったのだろう?」「どうすればよいのだろう?」「こうしてみよう!」という試行錯誤を繰り返してきました。同時に、指導の結果や新たな発想を記録すること、指導の原理・原則を自分なりに考えて文章としてまとめることにも積極的に取り組んできたつもりです。

　私は器用なほうではないので、必要にかられて物事の記録化・体系化・改良化をしてきた面も大いにあります。しかし、今では「しくみを探る」「まとめる」「新たな発見をして実践する」ことが人生の大きな楽しみの一つともなっています。そして、それらを子どもの成長に役立てる喜びに支えられて今まで指導者・教師として歩み続けることができたと実感しています。私自身、これからも指導力・人間力を深く掘り下げ、かつ、幅を広げる努力を積み重ねて、子どもたちとともに成長していきたいと思います。

　最後までお読みいただきまして、ありがとうございました。

中村 賢

著者

中村 賢 Ken Nakamura

1971年、東京生まれ。鹿屋体育大学体育・スポーツ課程卒業。筑波大学大学院体育学専攻・博士前期課程修了。(財)横浜YMCA、(株)東京アスレティッククラブ、(社) TAISO LAND（田中光体操クラブ）職員を経て、小学校体育専科教員となる。「体の部位を意識させる器械運動の指導」を提唱しており、DVD『逆上がり即時上達法〜体の部位を意識させる器械運動の指導〜』(ジャパンライム株式会社)の映像を制作している。

協力

八王子体操クラブ

スポーツおよび体操競技の練習や試合を通じて、子どもたちの体力や運動の能力、体操技術を向上させる中で、「自己の発現、周囲の人との発現や総合的コミュニケーション能力の修得」を目的とし、子どもたちの人間的成長を促し、21世紀社会を生き抜く力を育てることを目標としている。世界大会出場経験のあるコーチが基礎から指導しているので、体操が初めてのお子さんでも安心して体操に取り組める環境が整っている。

八王子スポーツ株式会社
〒192-0041 東京都八王子市中野上町1-24-17
http://hachi-sports.com/hachioji_taiso_club/index.php

モデル　　工藤優喜也・高橋直大（八王子体操クラブ）／工藤愛来・中川和海／藤野蒼生・宮島瑠南（劇団ひまわり）
デザイン　松岡慎吾
写真・動画　則世
イラスト　梶浦ゆみこ
構成・編集　和西智哉・梨子木志津・加藤隆太郎・夏目桃子（カラビナ）
編集担当　近藤智昭・北山俊臣（東洋館出版社）

「脚のつけ根軸」でコントロール！
みんなができる！　器械運動の指導

2020（令和2）年3月10日　初版第1刷発行

著　者　　中村 賢
発行者　　錦織圭之介
発行所　　株式会社 東洋館出版社
　　　　　〒113-0021　東京都文京区本駒込5-16-7
　　　　　営業部　TEL：03-3823-9206　FAX：03-3823-9208
　　　　　営業部　TEL：03-3823-9207　FAX：03-3823-9209
　　　　　振　替　00180-7-96823
　　　　　U R L　http://www.toyokan.co.jp

印刷・製本　図書印刷株式会社
ISBN978-4-491-04052-3　　Printed in Japan